Standop · Werte-Erziehung

Reihe »Studientexte für das Lehramt«
Herausgegeben von Eiko Jürgens

Band 18

Jutta Standop

Werte-Erziehung

Einführung in die wichtigsten Konzepte der Werteerziehung

Beltz Verlag · Weinheim und Basel

Dr. **Jutta Standop** ist wissenschaftliche Mitarbeiterin
an der Pädagogischen Fakultät der Universität Bielefeld.

Lektorat: Peter E. Kalb

www.beltz.de
Herstellung: Klaus Kaltenberg
Satz: Druckhaus »Thomas Müntzer«, Bad Langensalza
Druck: Druckhaus Beltz, Hemsbach
Umschlaggestaltung: Federico Luci, Odenthal
Umschlagabbildung: Friedrich Haun, Borken
Printed in Germany

ISBN 3-407-25375-3

Inhaltsverzeichnis

Bedeutung von Werten

→ Internalisierung

Vorwort des Herausgebers

Bildung im Sinne von Allgemeinbildung ist Teilhabe an und Gestaltung von gesellschaftlicher Kultur. Die Vorstellung von Bildung bezieht sich sowohl auf das Resultat des Gebildetseins als auch auf den Prozess des ständigen Sich-Bildens. Nicht zufällig ist der Schule ein Erziehungs- *und* Bildungsauftrag von der Politik aufgegeben worden, weil beide zusammen und unter gegenseitiger Bezugnahme erfolgen sollen. Ebenso wenig wie Erziehung ohne Werte auskommen kann, weil sonst der Erziehung ihre Maßstäbe und Richtgrößen verloren gehen würden, kann es Bildung. Bildung schließt die Auseinandersetzung mit Werten ein. Das gilt vor allem deshalb, weil dem Menschen die Chance geboten wird, selbstständiges Denken und Handeln in sich zu entfalten, er aufgerufen ist, Freiheit und Selbstbestimmung verantwortlich wahrzunehmen. Dazu braucht er nicht nur Wissen oder kognitive Bildung, sondern auch Kriterien, wofür die erworbenen Kenntnisse, Qualifikationen und Kompetenzen einzusetzen sind. Er braucht nicht nur Flexibilität und Durchhaltevermögen, sondern auch Verantwortungsbewusstsein und moralische Urteilsfähigkeit. Er braucht einfach auch Persönlichkeitsbildung.

Das übergreifende Ziel von Erziehung und Bildung ist, das Kind und den Jugendlichen dabei zu unterstützen, sich in einer immer komplexeren Welt als »Mensch« zurechtzufinden und gegenüber immer radikaleren Versuchen seiner, vor allem ökonomischen, Verzweckung zu behaupten.

Werte geben in diesem Zusammenhang sowohl Orientierung als auch Halt und Überzeugung. Alles menschliche Handeln und Entscheiden wird grundsätzlich von Normen und Werten beeinflusst. Die Bedeutung von Normen und Werten ist unbestreitbar, auch oder besonders in Zeiten, in denen Erziehung und Bildung in die Krise geraten sind. Doch trotz allem bleibt die Frage nach den (Grund-)Werten entscheidend, die für die Schule in einer sich weiter zu entwickelnden Gesellschaft leitend sein sollen.

Aber nicht nur darauf gibt das Buch eine schlüssig begründete Antwort, sondern ebenso auf die didaktische Frage, wie Werte innerhalb des Lern- und Lebensraumes Schule vermittelt und tragfähig gemacht werden können.

Insgesamt scheint es gesichert zu sein, dass Werteerziehung als ein durchgehendes, alle Fächer einschließendes Unterrichtsprinzip aufzufassen ist, sollen nachhaltige Verhaltenswirkungen erzielt werden. Wie Werte im täglichen Miteinander zwischen Lehrern und Schülern geachtet und »gelebt« werden, wie Lehrer und Schüler miteinander umgehen, welche Gelegenheiten im Unterricht zur Entwicklung und Stärkung von moralischer Urteilsfähigkeit eingeräumt werden, prägt die Haltung von Kindern und Jugendlichen viel stärker als explizit angelegter Werte-Unterricht, in welcher Form auch immer.

Von daher ist diese Publikation einerseits als eine fundierte theoretische Klärung und andererseits als ein grundlegendes praxisbezogenes Projekt aufzufassen. Geeignet für Lehramtsstudierende und Praktiker aller Schulformen. Bei dem großen Interesse, das an Fragen von Erziehung und Bildung allgemein besteht, dürfte das Buch schnell ein Standardwerk für Studium und pädagogische Praxis werden.

Bielefeld *Eiko Jürgens*

Einleitung

Die langjährig zu beobachtende Tendenz, Bildung im Schulsystem von der Praxis zu »entkoppeln« und sich vorrangig am Leitbild einer »anwendungsfrei« konzipierten Verwissenschaftlichung der Fachinhalte zu orientieren, konnte nicht den allgemein für wünschenswert gehaltenen Durchbruch zur praktischen Lebenswirklichkeit bringen. Sie führte vielmehr zur vollkommenen Aufsprengung des Konkreten mit einer Hinwendung zum Abstrakten einer sich der schulischen Erfassung und Verarbeitung angesichts der Schnelligkeit des wissenschaftlichen Fortschritts ohnehin immer wieder entziehenden Verwissenschaftlichung.

Im Zusammenhang mit dieser Verwissenschaftlichung sowie einer sich den wachsenden Herausforderungen einer zunehmenden Pluralisierung stellen müssenden Gesellschaft, geriet auch wertorientierter Unterricht mehr und mehr aus dem Blickwinkel der Schule. So »passte« einerseits eine moralische Erziehung nicht zu den Vorstellungen über einen angeblich wertfreien verwissenschaftlichten Fachunterricht. Andererseits trafen sich in der Schule aufgrund der zunehmenden Zahl von Schülerinnen und Schülern aus den verschiedensten Herkunftsländern und der geringer werdenden bindenden Kraft traditioneller »einheimischer« Werte infolge der wachsenden Liberalisierung die unterschiedlichsten Wertvorstellungen und Werthaltungen.

Die Gründe für die erzieherische Abstinenz der Schule in den vergangenen Jahrzehnten sind vielschichtig: Die Pervertierung des Erzieherischen zur Manipulation und Indoktrination durch politischen Totalitarismus und der hohe Anspruch an die Erziehung, dass sich die antisemitischen Konsequenzen des Nationalsozialismus nicht wiederholen. Das Zurücktreten weltanschaulich-konfessioneller Einflüsse im Schulwesen und die konstitutionelle Pluralität und Offenheit unseres Staatswesens. Die mangelnde Vereinbarkeit von Lehrplanerfüllung einerseits und erzieherischem Freiraum andererseits sowie die fragmentarische, für manche Lehrämter geradezu rudimentäre pädagogisch-psychologische Ausbildung der Lehrerinnen und Lehrer. Auch die Anschauungen, die jeglichen pädagogischen Führungsanspruch als einen irreführenden Einfluss von Macht und Herrschaft verurteilten, haben das Zurückweichen des Erzieherischen aus dem Unterricht und insbesondere das Besinnen auf *gemeinsame* Werte in der Vergangenheit zunehmend forciert.

Schule hat gegenüber den Heranwachsenden aber nicht nur die Aufgabe, auf die Arbeits- und Berufswelt sowie auf Weiterbildung vorzubereiten. Sie hat den jungen Menschen dabei zu helfen, selbstständig denken und gründlich urteilen zu lernen – auch und gerade in den Wert- und Sinnfragen des Lebens. Mit dem Fachwissen allein, was Schülerinnen und Schüler im Unterricht erlernen, wie Schriftsprache und sprachlicher Ausdruck, das Lösen mathematischer Probleme, Fremdsprachen, naturwissenschaftliche, historische und sozial- bzw. gesellschaftskundliche Tatsachen und Zusammenhänge, werden sie nicht in der Lage sein, die auf Entscheidung angelegten, alltäglichen Lebensprobleme und Konflikte, die auf sie im beruflichen und gesellschaftlichen Zusammenleben, in Ehe und Familie, Erziehung, Freizeit zukommen, zu bewältigen und zu lösen.

Selbstverständlich kommen überall im Unterricht Werte ins Spiel. Wertvorstellungen müssen sich überall bilden und Wertentscheidungen überall geübt werden können. Die entscheidende Frage ist, wie eine bewusste und vernunftorientierte Werteerziehung im Sinne einer demokratischen und humanen Bildung erfolgen kann. Dies geht nur, wenn Werteerziehung ein zentrales Element im schulischen Bildungsauftrag darstellt.

1. Theoretische Grundlegung zum Thema Werte

Im folgenden Kapitel werden zunächst grundlegende Begriffe zum Thema Werteerziehung und Erziehung zu moralischer Urteilsfähigkeit geklärt und erläutert. Darüber hinaus soll auf die Problematik des Werterelativismus sowie des Bruches zwischen Urteilen und Handeln bei Menschen eingegangen werden.

1.1 Zum Begriff

Güter-/Orientierungswert

Werte sind Ideen, die wir bestimmten Dingen oder Verhältnissen zuschreiben. So versteht man Wert einerseits als einen *Güterwert* – hierbei handelt es sich um eine Werteigenschaft, die ein Gut für ein wertendes Individuum besitzt (ein Haus, ein Auto, etc.). Andererseits werden mit Werten *Orientierungswerte* bezeichnet – gemeint sind hierbei Ideale oder Leitbegriffe, an denen wir uns in allen unseren Wertungen orientieren. Unterschieden wird also zwischen dem, was einen Wert *hat* und dem, was ein Wert *ist* (z.B. Wahrheit, Natur, Freiheit etc.). Im vorliegenden Text werden nahezu ausschließlich Orientierungswerte (im Folgenden wieder schlicht mit »Wert« bezeichnet) im Mittelpunkt der Auseinandersetzung stehen.

Es gibt einen langfristig stabilen Kern von Orientierungswerten. Diese »Minimalordnung an Werten und Normen« stellt nach Oldemeyer im Allgemeinen den Inhalt der moralisch-rechtlichen Grundgebote in den verschiedenen Religionen, Weltanschauungen und politischen Einheiten dar:

- »die *Schonung des leiblichen Lebens* von Personen (›Nächsten‹);
- die *Respektierung des Eigentums, der ›Sachen‹* von Personen, Sachen und Institutionen (›Nächsten‹);
- die *Erhaltung der gegenseitigen Vertrauensbasis* zwischen Partnern (›Nächsten‹)« (1979, S. 602).

Werte: erwünschte (End-)Zustände

Ein Wert stellt eine *grundlegende Vorstellung über erwünschte (End-)Zustände* dar, die ausdrücklich oder unausgesprochen für das Streben eines Individuums, einer Gruppe bzw. einer Gesellschaft charakteristisch ist.

Werte: kulturell typisiert und kulturprägend

Indem ein Wert die Auswahl der zugänglichen Weisen, Mittel und Ziele des Handelns beeinflusst, dient er den durch Instinktreduktion und Verhaltensunsicherheit gekennzeichneten Menschen als zentrales Element von Kultur. Im Zuge der geschichtlichen Entwicklung innerhalb einer Kultur haben Werte eine bestimmte Ausprägung, Eigenart sowie handlungsleitende Kraft angenommen. Allerdings sind sie nicht nur kulturell typisiert, sie wirken in gleichem Maße kulturprägend und zeigen sich in Ideen, Symbolen, moralischen und ästhetischen Normen sowie Verhaltensregeln (vgl. Hillmann 1986). So sind Werte nach Rudolph »die entscheidenden Elemente einer Kultur, ihr funktionaler Befehlsstand. Das Spezifische einer jeden Kultur entspricht dem spezifischen Charakter aller in ihr zusammengefassten Werte …« (1959, S. 164). Als nicht generelle und sanktionierbare Vorschriften für ein bestimmtes Verhalten in definierten Situationen sind Werte nicht normativ verbindlich, sondern als erstrebenswerte und wünschenswerte Leitlinien denen anderer Gruppen vorzuziehen (Stiksrud 1976). Vom Menschen werden Werte zwar definiert, aber nicht erfunden, sie werden auch nicht durch eine Ethik konstituiert, sondern durch diese begründet und in eine Rangfolge gebracht. Ebenso können sie auch nicht vom Menschen »ausgemustert«, sondern höchstens verleugnet werden. Zahlenmäßig gering, stehen die verschiedenen, in einer Gesellschaft geltenden Werte im Konflikt miteinander und bleiben in einer Kultur über die Zeit relativ konstant.

Aufgaben und Funktionen

gesellschaftliche Perspektive

Aus gesellschaftlicher Perspektive besteht die vorrangige Aufgabe von Werten in der Aufrechterhaltung der Strukturen eines Sozialsystems, indem diese allgemeingültige Standards repräsentieren. Als grundlegende Voraussetzung jeder sozialen Ordnung stellen sie die Legitimations- bzw. Rechtfertigungsgrundlage für die stabilisierenden Institutionen des sozialen Zusammenlebens und die vielfältigen situationsbezogenen Normen und Sanktionen eines bestimmten soziokulturellen Bereichs dar. Die Stabilisierung normgerechten Verhaltens geschieht durch Strafen wie auch Belohnungen umfassende Sanktionen. Auf diese Weise werden Werte zumindest indirekt sozial sanktioniert und durch die Bestrafung einer normverletzenden Handlungsweise zugleich die Missachtung der zu Grunde liegenden Werte geahndet.

individuelle Perspektive

Auch aus individueller Perspektive haben Werte unterschiedliche Funktionen: Sie regeln soziale Interaktionen zwischen den jeweiligen Individuen und haben für die einzelne Person handlungsleitende Funktion. Neben ihrer Aufgabe, als Kriterien zur Bewertung von Ereignissen, Interaktionen wie Erfahrungen zur Verfügung zu stehen, spielen sie besonders in unbestimmten, komplexen Situationen eine wichtige Rolle als Orientierungshilfen. Weiterhin können Werte als Prüfkriterien bei der Ablehnung oder Annahme von Zielen dienlich sein.

Merkmale

Folgende Merkmale kennzeichnen Werte

- Stabilität über die Lebensspanne verbunden mit einem hohen Änderungswiderstand.
- Hoher Grad an Abstraktheit (verglichen mit Einstellungen) verbunden mit einer situationsübergreifenden Relevanz.
- Eine hierarchische Anordnung, die individuell unterschiedlich, je nach Bedeutung der einzelnen Werts für das Selbstkonzept ausfallen kann.
- Starke emotionale Komponenten besonders bei den Werten, die in enger Beziehung zum eigenen Lebenskonzept stehen.

(Nach Schmitz 2000, S. 350)

Internalisierung von Werten

Psychisch internalisiert, verlieren die Werte, die den Menschen seit seiner frühen Kindheit als bedeutsame Ideale und Handlungsleitlinien begleitet haben, auch in späteren Jahren nicht ohne weiteres dauerhaft an Bedeutung. Im Verlauf des individuellen Sozialisations- und Enkulturationsprozesses werden sie vom heranwachsenden Individuum verinnerlicht und in die emotional-affektiven Kapazitäten der Persönlichkeitsstruktur integriert. So werden sie schließlich als ureigenste Bestandteile der eigenen individuellen Persönlichkeit empfunden, als persönliche Wertvorstellungen, Werteinstellungen und bis zu einem gewissen Grad als eigene Wünsche, Bedürfnisse, Interessen und Urteile (vgl. Hillmann 1986). Insbesondere ein hoher affektiver Gehalt – und gerade in der Kindheit erworbene Werthaltungen weisen hohe emotionale Bezüge auf – trägt zu einer engen Wertbindung bei.

Werte als Wegweiser des Handelns

Werte steuern zwar in gewisser Weise das menschliche Verhalten. Aufgrund ihrer Allgemeinheit sind sie aber – wie erwähnt – nur die generellsten Wegweiser des Handelns und liefern keine direkten Verhaltensanweisungen (Peuckert 1986). Die persönliche Entwicklung des einzelnen in einem je individuellen Umfeld mit seinen einzigartigen Erfahrungen sorgt für eine ebenfalls individuelle Ausprägung der Bedeutung, die die verschiedenen Werte für das Individuum annehmen.

Die Bedeutungen für »*Wert*« und »*Bewerten*« beziehen sich auf:

- »Individuell und sozial normative Einheiten, d.h. das, was gut, richtig, legitimiert, ästhetisch, präferiert, wünschenswert, gesollt, ideal, würdig, moralisch, nützlich und gewichtig ist, sowie auf Pflicht, Imperativ, Leit- und Richtlinien;
- Wertgegenstände, womit Gegenstände des Handelns, Verhaltens, Situationen, Objekte, Leben, Personen (Individuen und Gruppen) usw. gemeint sind;

- Formelemente, worunter Standards, Kriterien, Vorstellungen, Auffassungen, Eigenschaften, Fähigkeiten, Charaktere usw. verstehbar sind« (Stiksrud 1976, S. 25).

Werte als ethische Imperative

Werte sind die »ethischen Imperative«, die das Handeln der Menschen steuern und somit Ausdruck dafür, welchen Sinn und Zweck einzelne und Gruppen mit ihrem Handeln verbinden. Nach Max Weber handelt »wertrational«, wer »durch bewussten Glauben an den – ethischen, ästhetischen, religiösen oder wie immer sonst zu deutenden – unbedingten Eigenwert eines bestimmten Sich-Verhaltens rein als solchen und unabhängig vom Erfolg« sich leiten lässt (zit. nach Schäfers 1992, S. 31). Indem wir unser Tun und Lassen zu rechtfertigen, die Werte und Normen zu klären und zu begründen suchen, die handlungsleitend für uns sind, versuchen wir, über unsere eigene Subjektivität, über unsere bloß individuellen, kurzfristigen Wünsche und partikularen Interessen hinauszugelangen zu einer Transsubjektivität oder Gemeinsamkeit, in der die Werte und Normen unsere Handlungen steuern, die nicht nur von uns selbst, sondern auch von den anderen Menschen als gültig anerkannt werden.

Werte als Handlungszwecke

Werthaltungen geben somit Aufschluss über Ziele, Zwecke und Motive, die sich ein Individuum regelmäßig zu eigen macht, und über die Gründe, die es für sein Verhalten anführt. Entwickeln sich Werte daher durch Erfahrungen der Selbstbildung und Selbsttranszendenz, kann nach Taylor (1989) eine Person ohne Werte nicht das Gefühl eines Lebenssinns entwickeln. Sinnverlust ist folglich die Konsequenz eines Verlusts starker Werte.

Handlungen sind im Allgemeinen zweck- und zielbestimmt. Um eine Handlung zu legitimieren, muss also ihr Zweck, ihr Ziel gerechtfertigt werden. Zudem sind Überlegungen darüber anzustellen, welche Situation durch die Handlung herbeigeführt wird und welche näheren und weiteren Folgen sie nach sich ziehen kann. Diese Zwecke oder Normen selbst sind nur im Zusammenhang mit anderen, übergeordneten Zwecken oder Normen zu begründen, aus denen sie sich ableiten (Scheidt 1978, S. 52). Werte sind als Handlungszwecke (= Sachverhalte, die *erreicht* oder *verfolgt* werden können oder sollen) analysierbar: sie machen Handlungen interpretierbar, evaluierbar und kritisierbar. Eine moralische Handlung – und somit ebenso die ihr zugrunde liegenden Werte – wird erst durch den Kontext, in dem sie stattfindet, evident. Sittliche Werte können ebenso in Handlungen verfolgt und erreicht werden wie Wohlstand und sportliche Leistungen. Werte, die im Kontext individuellen Handelns als Zwecke erreichbar sind, lassen sich als Gründe und Ursachen von intentionalen Handlungen interpretieren. Im Kontext kollektiven Handelns werden die gleichen Werte jedoch lediglich in einem generellen Sinn als Folgen z.B. aller gerechten Handlungen in einer Gesellschaft verstanden. Der Begriff des kollektiven Handelns unterstellt der Gesellschaft die Rolle eines handelnden Subjekts, das sich quasi intentional verhält.

1.2 Werte und Normen

Werte und Normen unterscheiden sich in vielerlei Hinsicht und stehen zugleich in Beziehung zueinander:

Nomen als Konsequenz aus Werten

- Werte sind zunächst Erkenntnisinhalte. Dass körperliche Bewegung meiner Gesundheit zuträglich ist oder eine wissenschaftliche Aussage mit der Realität übereinstimmt, dass somit der ersten Aussage ein biologischer Wert, der zweiten ein Wahrheitswert zukommt, kann nur mittels Erfahrung und Denken festgestellt werden. Beides führt dann im Idealfall zum Wissen. Durch den Versuch, aus der so gewonnenen Einsicht Konsequenzen für das eigene Handeln abzuleiten, ergeben sich Normen. Stellt beispielsweise für eine Gesellschaft das menschliche Leben einen absoluten Wert dar, ergibt sich daraus die Norm »Du sollst nicht töten«. *Werte sind die grundlegenden Erkenntnisse und inneren Stellungnahmen über unsere Beziehungen zur Welt, Normen die daraus abgeleiteten Handlungsanweisungen.*

Werte haben Normcharakter

- Werte haben Normcharakter. Als soziale Regeln werden sie von den Individuen akzeptiert und ihren Interaktionen zugrunde gelegt. Dies impliziert, dass Abweichungen von den durch Werte definierten Richtigkeitsstandards für »falsch« gehalten und entsprechend missbilligt werden. Bei Werten handelt es sich allerdings hauptsächlich um eine »ideelle« Normierung. Sie regulieren das Verhalten mittelbar durch die Bestimmung der zugrunde liegenden Intentionen. Wertkonformes Verhalten ist somit auch schwerer zu operationalisieren als normenkoformes. *Diese Problematik zeigt sich beispielsweise in der wiederholt geführten Diskussion zur aktiven Sterbehilfe. Hierbei wird sowohl von den Gegnern als auch den Befürwortern der Sterbehilfe immer wieder auf die »Achtung der Menschenwürde« als grundlegendem Wert Bezug genommen.*

wechselseitige Beziehung

- Da Werte allgemeinere Geltung als Normen besitzen, können letztere durch Werte begründet werden. Normen und Werte verweisen somit wechselseitig aufeinander: Normen beziehen sich auf Verhaltensweisen, die als wünschenswert angesehen werden, werthaft Gefordertes kann wiederum Gegenstand gesellschaftlicher Normierung sein. *So verbindet sich mit der Aufforderung, das Rauchen in ausgewiesenen Räumen zu unterlassen, letztlich der Schutz menschlichen Lebens.*

- Werte können sich auf viele Gegenstandsbereiche (ideelle, materielle, irdische usw.) erstrecken, Normen hingegen beziehen sich ausschließlich als soziale Maßstäbe auf Verhalten, wie es sein soll, muss oder kann.

Aufrechterhaltung von Werten und Normen

- Werte können als Ideale für Individuen, Gruppen oder Großgemeinschaften aufgefasst werden und schließen damit das Element der bewussten Sanktionierbarkeit (z.B. Belohnung und Bestrafung) aus. D.h., Werte werden vor allem durch Überzeugung und weniger durch Zwang aufrechterhalten. Normen sind »Verhaltenserwartungen«, die die Mitglieder der Gruppe an alle Gruppenmitglieder gleichermaßen oder an die Inhaber bestimmter Positionen richten. Ihre Befolgung wird durch Sanktionen, also durch Belohnung »konformen« und Bestrafung »nicht-konformen« Verhaltens gesichert.
- In Entscheidungssituationen erleichtern Werte die Wahl durch Vorzugskriterien, Präferenzen.
- Normen haben den Charakter von sozialen *Konventionen* und von »Verhaltensrichtlinien« in einer Gruppe, Gesellschaft oder Kultur. Sie sind also Ergebnisse zwischenmenschlicher Vereinbarungen, Festlegungen bzw. Ergebnisse derjenigen Sachverhalte, die sozialwissenschaftlich in dieser Weise interpretiert zu werden pflegen. Solche Normen sollen das Verhalten von Individuen regulieren und festlegen, welche Einstellungen und Überzeugungen akzeptiert werden, welche Ziele zu verfolgen sind. Sie können von Individuen letztlich befolgt oder übertreten werden.

Bestimmung/ Relativierung des (Rollen-) Verhaltens

- Während Normen eher das konkrete (Rollen-)Verhalten des Individuums bestimmen, erlauben Werte (z.B. allgemeine ethische Handlungsleitsätze), ein solches Rollenverhalten zu relativieren. Sie vermitteln daher ein höheres Maß an Handlungsspielraum. Während Normen in der Regel durch Strafen und Belohnungen unmittelbar Druck ausüben, geht von Werten (als Sollensappelle an das Gewissen) weit weniger direkter Zwang auf den Handelnden aus.

1.3 Werte und ihr Bezug zur Gesellschaft

Rationalität

Indem Werte für eine bestimmte Gruppe gesellschaftliche Setzungen von Idealen darstellen, treten sie als unpersönliche Standards alltäglicher Kommunikation auf und ermöglichen auf diese Weise Rationalität. Zugleich sind sie wandelbar im Lichte neuer Erfahrungen und veränderter Bedingungen und können zugunsten anderer Ideale, die mehr Rationalität oder andere Formen von Rationalität ermöglichen, aufgegeben werden. In den Werten müssen die allgemeinsten Grundprinzipien der Handlungsorientierung und der Ausführung bestimmter Handlungen gesehen werden. Sie sind Vorstellungen von Wünschenswertem, kulturelle und religiöse, ethische und soziale Leitbilder, die über den Tag und den Bestand der eigenen Gesellschaft hinausweisen, die die gegebene Handlungssituation transzendieren. Die in einer Gesellschaft vorherrschenden Wertorientierungen sind somit das Grundgerüst der jeweils aktuellen Kultur (Schäfers 1992).

Wertneutralität des staatlichen Rechtsystems

Das staatlich geordnete gesellschaftliche System verhält sich *wertneutral*, ist also nicht mehr wertintegriert. Es funktioniert, was die Steuerung des individuellen Verhaltens anbelangt, durch den Erlass von Rechtsnormen (Gesetze). Diese brauchen aber nicht notwendigerweise im Sinne von Werten verinnerlicht zu werden, da ihnen vielmehr bereits dann Genüge getan wird, wenn sie »beachtet« werden. Zugleich wenden diese Rechtsnormen sich auch in einem zunehmenden Maße mehr an den Sachverstand als an das Wertebewusstsein (oder an das Rechtsbewusstsein) der Bürger. Demnach werden keineswegs alle Verhaltensnormierungen, die bedeutsam sind, durch den Apparat des staatlich garantierten Rechtssystems getragen. Dies ist einer der grundlegenden Schlüsselsätze zum Verständnis dessen, was »Moral« in der Gesellschaft bewirkt. Gewisse fundamentale Verhaltensweisen der Menschen, von denen das Gemeinwohl unter Umständen sehr weitgehend abhängen mag, werden vielmehr überraschenderweise von keiner einzigen offiziellen Instanz gefordert und finden sich in keinem einzigen Gesetz oder sonstigen Paragraphenwerk (vgl. Klages 1988, S. 98) (beispielsweise die hohe Spendenbereitschaft der deutschen Bevölkerung im Anschluss an die großen Flutkatastrophen in den Jahren 1996 und 2002). Werte als die Voraussetzungen und Grundlagen sozialer Normen einer Gesellschaft prägen damit die Leitbilder des allgemein Erstrebenswerten oder Abzulehnenden.

1.4 Grundlegende Werte

Wertepluralismus

Stellen religiöse und weltanschauliche Gesellschaftskonzepte in einer pluralistischen Gesellschaft sehr vielfältige Wertesysteme zur Wahl, erweisen sich diese im Rahmen einer allgemeinen schulischen Werteerziehung als problematisch, sofern ihre Vermittlung nicht die allen Religionen und Weltanschauungen gemeinsamen Werte umfasst. Einem Konzept sozialen und individuellen Verhaltens, wie es durch eine Werteerziehung in der Schule vermittelt werden kann, sollten folgende zwei Setzungen als richtungsweisender Maßstab zugrunde liegen:

1. *Allgemeine Erklärung der Menschenrechte, verabschiedet von der Generalversammlung der Vereinten Nationen am 10.12.1948.*
2. *Das Grundgesetz der Bundesrepublik Deutschland.*

Wertgebundenheit des Grundgesetzes

Die »Wertgebundenheit« des Grundgesetzes darf allerdings nicht darüber hinwegtäuschen, dass von diesem nicht die Einbindung des einzelnen in eine »wertgesättigte, Sinn-, Zweck und Aufgabengehalte des Lebens wie auch dessen Ablaufformen festlegende Lebensordnung« (Klages 1988, S. 17) angestrebt ist. Im Gegenteil hindern die obersten vom Grundgesetz vertretenen Werte staatliche Institutionen gerade an einer solchen. Aber auch, wenn das staatlich geordnete gesellschaftliche System sich heute weitgehend »wertneutral« verhält und sich auf den Erlass von Rechtsnormen zur Steuerung des individuellen Verhaltens beschränkt (vgl. Kapitel 1.3), können von diesen normativen Setzungen eine Reihe für die Werteerziehung als besonders relevant angesehen und im Unterricht aufgegriffen werden, wie beispielsweise Bönsch (1995, S. 9) zeigt:

relevante, normative Setzungen

Gesellschaftliche Normen	Verhaltenserwartungen (Rechte und Pflichten)	Personenrechte
• Gleichheit • Freiheit • Brüderlichkeit • Sicherheit • Bildung • Rechte, aber auch Pflichten • Verantwortung	• Freie, individuelle Entfaltung bei Sicherung dieser für jeden anderen auch • Gerechtigkeit, Solidarität, Toleranz in den Beziehungen zu anderen • Vernunftgemäße Lösung von Konflikten zur Sicherung der Normen	• Die Würde des Menschen ist unantastbar • Das Recht auf freie Entfaltung, soweit nicht andere beeinträchtigt werden • Freiheit des Glaubens, des Gewissens, des Bekenntnisses • Freiheit der Meinungsäußerung und Informationsbeschaffung

Grundwerte

Die maßgeblichen Aussagen zielen auf eine demokratische und soziale Gesellschaft, die aus Personen mit hohen Individualrechten besteht. Diese Rechte werden jedoch nur aufrechtzuhalten oder zu erreichen sein, wenn die Verpflichtung aller auf die *Grundwerte* gesichert werden kann. Grundwerte stehen an der Spitze der gesellschaftlichen Wertehierarchie. Gewisse Grundwerte, wie sie z.B. in modernen Verfassungen niedergelegt sind (u.a. Freiheit in der Wahl von Konfession und Beruf, Ehepartner und politischer Überzeugung) scheinen für die Integration moderner Gesellschaften unverzichtbar.

Grundwerte sind

- die Werte, auf denen andere Werte *gründen*;
- die Werte, auf deren gemeinsamer Wertschätzung das Zusammenleben der Menschen *gründet*;
- die Werte, deren Anerkennung und Wirklichkeit-Werden *grundsätzlich* zum Gelingen des Menschen gehören.

(Nach Dikow 1980, S. 13)

1.5 Wertesysteme

Wertsysteme, -rangordnungen und -konflike

Die Gesamtheit der gesellschaftlichen Werte bildet das für die Integration und Stabilität einer Gesellschaft bedeutsame Wertesystem. In modernen Gesellschaften wird dieses übergeordnete System durch die Ausprägung von Subkulturen und schicht- bzw. klassenspezifischen Wertemustern stark differenziert. »Offene« oder teiloffene, besonders aber moderne »pluralistische« Gesellschaften zeichnen sich oberhalb eines Minimalkanons jeweils durch eine Vielzahl von verschiedenen Wertesystemen aus, die in der Werterangordnung voneinander abweichen. So existieren:

- unterschiedliche Wertesysteme (bzw. divergierende Werterangordnungen in Teilbereichen) bei verschiedenen sozialen Klassen und Schichten;
- Wertesysteme verschiedener Religions- und Weltanschauungsgemeinschaften;
- Spezialwertesysteme von Institutionen, Zweckvereinigungen, Parteien, Berufsgruppen, Verbänden usw.

In offenen Gesellschaften ist es normal, dass zwischen innergesellschaftlichen Wertordnungen gewisse Konkurrenzen oder auch gegenseitige Beeinflussungen auftreten. Gehören Individuen unterschiedlichen Wertegemeinschaften an, können diese verschiedenen Wertprioritäten bei ihnen Wertekonflikte zur Folge haben. In ihrer Gesamtheit bilden die Werte eines Individuums sein Wertesystem, das Raster an Bevorzugungen und auch an Ablehnungen, mit dem es seine Beziehung zur Welt definiert und darin handlungsfähig wird.

1.6 Pluralismus

Der Pluralismus als die »zum Begriff geronnene und zur sozialen Struktur verfestigte Vielfalt von Normen und Lebensformen, Theorien und

Ideen, Begündungsmustern und Philosophien« (Heyting/Tenorth 1994, S. 5) wird seit den späten 60er-Jahren zur Kennzeichnung von Wesenszügen der modernen Lebenswelt in Gesellschaften herangezogen. In diesen Gesellschaften, die die Ideen der Aufklärung und der bürgerlichen Revolution übernommen und die industrielle Revolution vollzogen haben, wirken nun gleichzeitig verschiedenartige Kräfte legitim auf vielfältige Weisen und treten in Konflikt um Einfluss und Geltung. Aus diesem Grund wird das geregelte Neben- und Miteinander des Vielfältigen, Unterschiedlichen, ja oftmals Gegensätzlichen in pluralistischen Organisationsformen zur Notwendigkeit. Dem Pluralismus als eine Konsequenz der verschiedenen, in einer Gesellschaft existierenden Wertesysteme liegt die Annahme zugrunde, dass der Mensch sich hinsichtlich der Ziele und Wege seiner Lebensverwirklichung vernunftgemäß selbst bestimmen kann. Damit gründet der Pluralismus auf der Vorstellung vom »mündigen Bürger« und wird verstanden als Grundlage einer sozialen Organisation, die unabhängig von zentralen Autoritäten und von geistiger Bevormundung existiert. Die Pluralität der Wertorientierung hat allerdings da ihre Grenzen, wo der Gruppenkonsens oder die Integration der Gesellschaft gefährdet sind.

Grenzen der Pluralität von Wertorientierungen

Auch der Pluralismus betrifft aber nicht nur eine Gesellschaft als Ganzes, sondern in gleichem Maße das Individuum an sich:

intraindividueller Wertepluralismus

Unserem Handeln liegen immer mehrere, mitunter viele Motive zugrunde. Viele Werte haben simultan für uns Geltung, von denen wir glauben, dass sie verwirklicht werden sollten. Somit besteht ein *intraindividueller* Wertepluralismus. Manche der gleichzeitig angestrebten Ziele sind leicht zu realisieren. Beispielsweise können Lehrerinnen und Lehrer Wissen vermitteln, ohne die Erziehung zur Selbstständigkeit zu vernachlässigen (z.B. durch offenes und eigenständiges Lernen). Häufiger aber müssen Prioritäten gesetzt werden: Die Ziele sind nicht miteinander vereinbar, sondern bilden Antinomien und das Individuum gerät in eine so genannte »Dilemma«-Situation.

Beispielsweise gerät ein Schüler, für den sowohl »Ehrlichkeit« als auch »Freundschaft« stabile Werte darstellen, in ein Dilemma, wenn er von seinem Lehrer daraufhin befragt wird, ob sein bester Freund bei einer Klassenarbeit durch Abschreiben betrogen hat (unter der Voraussetzung, dass dieser sich tatsächlich so verhalten hat).

Aufgrund von Diskrepanzen entstehen Konflikte zwischen einzelnen Zielen und können zu so genannten »Knoten« in Handlungsstrategien führen: die jeweiligen Sollensforderungen können sich zu Imperativen wandeln, welche unbedingt zu realisieren sind, die sich jedoch widersprechen. Kann sich das Individuum nicht entschließen, eines der »Pflichtgebote« (vorläufig) hintanzustellen, werden weitere Entscheidungen und Handlungen weitgehend blockiert (vgl. Patry 1997).

Erziehung, Mündigkeit und Pluralismus

Vor dem Hintergrund der Bedingungen des Pluralismus muss die Aufgabe der Erziehung sein, das Subjekt zu befähigen, einerseits die Pluralität menschlicher »Erfindungsgabe« anzuerkennen und andererseits sich um »gültige« Standpunkte zu bemühen. Ist das Ziel von Erziehung die Mündigkeit des Menschen, so setzt der Pluralismus die Mündigkeit des Menschen voraus. Pluralismus bedeutet einerseits unverzichtbare Bedingung für die menschliche Freiheit, andererseits stellt sie einen ihrer wesentlichen Inhalte, und zwar die Freiheit als das »Freisein von unreflektierten, irrationalen, unfreiwillig anerkannten sowie unbewusst übernommenen Bindungen und Verpflichtungen« (Fees 2000, S. 61). Der Pluralismus eröffnet somit dem Menschen faktisch die Chance, relativ selbstbestimmt sein Selbst- und Weltverhältnis zu gestalten. Zugleich zwingt er den Menschen, einen Standpunkt einnehmen zu müssen. Daher bietet der Pluralismus dem Menschen nicht nur die Möglichkeit, auf selbstbegründete Weise seine Werte zu formen, sondern er lässt ihm gar keine andere Wahl. Die Freiheit im Sinne des verantwortlichen Denkens und Handelns sowie der vernunftgemäßen Selbstbestimmung schließt dabei die bewusste Übernahme von Bindungen und Verpflichtungen selbstverständlich ein.

1.7 Das Problem des Werterelativismus

Relativität von Werten und Prinzipien

Bei der Erörterung des Wertepluralismus geht es insbesondere um die Frage, ob moralische Werte und Prinzipien relativ sind und damit abhängig von Standpunkten, Interessen und kulturellen Konventionen, oder ob es im Bereich der Moral verallgemeinerbare Grundsätze gibt, auf die bei der Lösung praktischer Konflikte zurückgegriffen werden kann (vgl. auch Kohlberg/Turiel 1978).

Gewissensfreiheit und ihre Grenzen

So wird in der Auseinandersetzung mit konkurrierenden Idealen in pluralen Gesellschaften häufig gefordert »gegenüber den Besonderheiten von Subkulturen und Kulturen Toleranz walten zu lassen und den Menschen nicht bestimmte Wertesysteme (der Mittelschicht, des westlichen Denkens etc.) aufzwingen zu wollen. Dieses Motiv ist untadelig, doch die relativistische Schlussfolgerung beruht auf einer Konfusion« (Oser/Althoff 1993, S. 132). Die Toleranz und der Respekt vor der individuellen Gewissensfreiheit sind nicht gleichzusetzen mit der scheinbaren Notwendigkeit, alle Werte als gleich gerechtfertigt bzw. gleichberechtigt zu akzeptieren. Unbestreitbar wird durch bestimmte »Werte«, wenn diese sich durchsetzen, die Freiheit anderer Menschen vehement gefährdet. Werden beispielsweise in rassistischen Positionen (z.B. in der Behauptung einer Überlegenheit der »weißen Rasse«) unzweifelhaft Wertauffassungen deutlich gemacht – handelt es sich hierbei allerdings um Werte, deren praktische Umsetzungen zu ungerechten Handlungen führen würden (vgl. a.a.O.). Die Forderung nach Toleranz kann schließlich nur zur Konsequenz haben, jeden Menschen und jede Meinung fair und unvoreingenommen zu beurteilen. Jedoch kann sie nicht bedeuten, auf Legitimationsprüfungen innerhalb der Gesellschaftsordnung zu verzichten. »Toleranz kann formal erwartet werden für unterschiedliche Formen des Denkens oder von Meinungen, solange Regeln der menschlichen Begegnung vorausgesetzt sind, die auf Würde und Respekt basieren. … Toleranz ist also nur möglich, sofern ein Grundmaß an Respekt vor dem menschlichen Leben und Sein berücksichtigt wird« (a.a.O., S. 129).

Grenzen des Pluralismus

In keiner Gesellschaft kann es einen absoluten Pluralismus geben, denn in keiner Gesellschaft kann jede denkbare Werteordnung, etwa Demokratie, Kommunismus, Faschismus, gleichzeitig zugelassen sein. Es gibt Grundmuster für den Aufbau einer Gesellschaft, die sich gegenseitig ausschließen.

1.7.1 Gültigkeitsprüfung für moralische Prinzipien

Verallgemeinerungsfähigkeit von Normen und Prinzipien

Für die Rechtfertigung von moralischen Normen oder Prinzipien wird von Oser/Althoff (1993) der aus der Moralphilosophie entstammende *Test auf die Verallgemeinerungsfähigkeit* der vorgeschlagenen Normen oder Prinzipien vorgestellt. Dem Verallgemeinerungs- oder Universalisierungsgrundsatz liegt folgende Idee zugrunde: »Jede Art von *moralischer* Lösung eines Problems setzt die Bereitschaft der Beteiligten voraus, nicht nur an den eigenen Vorteil zu denken, sondern zu überlegen, ob sie das gewählte Lösungsprinzip auch dann akzeptieren würden, wenn sie ›auf der anderen Seite der Barrikade‹ stünden« (a.a.O., S. 133). Mit anderen Worten, nur wenn alle Betroffenen eine Problemlösung dauerhaft als »fair« akzeptieren und sich darauf einlassen können, liegt ein unvoreingenommenes und unparteiisches moralisches Prinzip vor.

Empathie

Hierfür ist es notwendig, sich jeweils in die Rolle des anderen zu versetzen und dessen Ansprüche genauso zu behandeln wie die eigenen. Diese Überlegungen finden sich auch in der von Habermas (1991) und Apel (1988) entwickelten »Diskursethik«. Als Unterstützung für eine moralische Lösungsfindung schlagen sie die Annahme vor, dass die Betroffenen nicht wissen, welche Position ihnen nach dem Verteilungsprozess zufällt. Ebenso lautet Kants Kategorischer Imperativ in einer Hauptformel: »Handle nur nach derjenigen Maxime, durch die du zugleich wollen kannst, dass sie ein allgemeines Gesetz werde« (1968 [1785], S. 51).

Zusammenfassend lässt sich als Konsequenz aus diesen Überlegungen für die Schule festhalten:

Die pädagogische Herausforderung der pluralistischen Moderne liegt ganz bewusst nicht in einer Wertneutralität, sondern neben der Heranbildung einer Sachurteilsfähigkeit in besonderem Maße auch in jener einer Werturteilsfähigkeit.

Sach-/Werturteilsfähigkeit als pädagogische Herausforderung

Wäre es möglich, Werte oder Regeln technologisch zu vermitteln oder sie einfach in einer Situation anzuwenden, gäbe es keine Schwierigkeiten mit der moralischen Erziehung. Das Problem besteht aber gerade darin, dass der gleiche Wert für unterschiedliche Handlungsausgänge Begründungen liefert, eine Norm oder ein Wert also offenbar längst nicht immer klare Regeln für das Verhalten einschließt.

So haben zum Beispiel die Werte Freiheit und Sicherheit seit dem 11.09.2001 eine relative Umdeutung aufgrund der so genannten »Zeiten des Terrorismus« erfahren: In vielen Staaten wurden mit der Begründung der »Aufrechterhaltung der Sicherheit« viele freiheitliche Rechte der Bürger eingeschränkt.

Ebenso kann der Wert des Schutzes ungeborenen Lebens für werdende Eltern insofern recht unterschiedliche Handlungskonsequenzen zur Folge haben, als die einen damit beispielsweise eine besonders gründliche und umfassende vorgeburtliche medizinische Diagnostik verstehen, während die anderen die pränatale Diagnostik im Gegenteil auf das allernotwendigste zu beschränken versuchen, in dem Wunsch, das werdende Kind nicht übermäßig mit einer Gerätemedizin zu konfrontieren.

1.8 Wertewandel

Als »Umwertung von Werten« im Sinne des Wertewandels versteht Oldemeyer primär »eine Änderung der Präferenz- und Rangordnung von Orientierungswerten« (1979, S. 30). Psychologisch betrachtet hängen Wertorientierung und Wertewandel mit individuellen Wertungen und mit der Begründung des individuellen Verhaltens mittels Normen zusammen. Die Veränderung der Vorstellung von Werten beruht auf den Veränderungen der Lebensverhältnisse, der Ausweitung des Wissens, dem Wandel von Weltanschauungen, Ideologien und Ähnlichem.

Wertewandel: Änderung der Präferenz und Rangordnung von Orientierungswerten

Die Ordnung der Werte ist heute gekennzeichnet durch Wertepluralismus und relative Unbeständigkeit, d.h. durch das Nebeneinander, Gegeneinander und den raschen Wechsel von verschiedenen dominierenden Normen, Idealen, Menschenbildern und Handlungsrichtlinien. Das Wertebewusstsein vieler Menschen zeichnet sich daher aus durch Wertewandel und Wertungsunsicherheit, d.h. durch Veränderungen ihrer Werteinstellungen und durch die Ungewissheit über den Wert, den bestimmte Güter, Ziele und Pflichten im Vergleich mit anderen haben (sollten). Beschreiben lässt sich dies als eine Krise der Überzeugungen von dem, was anzustreben und was abzulehnen ist, was wichtig und was unwichtig ist, was höher und was niedriger zu bewerten ist, was unbedingt festgehalten werden sollte und was aufgegeben werden kann. Wertewandel führt neben der Veränderung von Einstellungen, sozialem Handeln und sozialer Wahrnehmung zugleich zur Veränderung von Institutionen, Normen (Gesetzen) und den Formen des Zusammenlebens. Die Frage des Wertewandels verknüpft sich außerdem, gemäß des gegenwärtig beschleunigten und kulturellen Wandels, mit dem Problem der »Sinnsuche«, den neuen sozialen und religiösen Bewegungen und – im Zeitalter des Individualismus und Subjektivismus – mit dem Thema der Selbstfindung.

»spontaner« Wertewandel

Seit Beginn der 70er-Jahre gibt es verschiedene Ansätze zur Erklärung der Überzeugung, dass »es in modernen Gesellschaften generell die Disposition zu einem »spontanen« Wertewandel gibt, dem eine bestimmte, mit dem allgemeinen *gesellschaftlichen Wandel* (Hervorhebung im Original) verknüpfte Trendrichtung zugeschrieben werden kann« (Klages 2001, S. 727). Zu den wichtigsten gehören die Theorien von Inglehart (1989) und von Klages (1988) bzw. der Speyerer Werteforschung.

Schlüsselhypothesen

Ingleharts Theorie vom intergenerationellen Wertewandel gründet auf zwei Schlüsselhypothesen:

- »Die Mangelhypothese. Die Prioritäten eines Individuums reflektieren die sozioökonomische Umwelt. Den höchsten subjektiven Wert misst man solchen Dingen bei, die relativ knapp sind.
- Die Sozialisationshypothese: Die Beziehung zwischen sozioökonomischer Umwelt und Wertprioritäten stellt man nicht regelmäßig her: sie geschieht mit erheblicher Zeitverzögerung, denn die nicht hinterfragten Werte eines Menschen spiegeln in hohem Maße die Bedingungen wider, die in seinen Entwicklungsjahren herrschten« (Inglehart 1998, S. 53).

Mangelhypothese

Der Mangelhypothese zufolge begünstigt Wohlstand die Verbreitung von postmaterialistischen und postmodernen Werten, die Sozialisationshypothese wiederum impliziert, dass weder die Werte eines Individuums noch die einer Gesellschaft sich kurzfristig verändern. Ein grundlegender Wertewandel findet im Allgemeinen allmählich statt, und insbesondere dann, wenn die vorherige Generation der Gesellschaft von der nachkommenden abgelöst wird. Inglehart vertritt die Ansicht, dass der Wertewandel durch den Mangel der verschiedenartigen Ressourcen der Lebensgewährung bestimmt werde. Die Tendenz zur Ersetzung materialistischer durch postmaterialistische Werte interpretiert er daher mit einer fort-

Sozialisationshypothese

schreitenden Lösung des Problems der Knappheit materieller Güter. Der lebensgeschichtliche Wertewandel findet insbesondere in den »formative years« statt. Das bedeutet nicht, dass im Erwachsenenalter keinerlei Veränderung der Persönlichkeit mehr stattfindet, dennoch scheint die Entwicklung eines Menschen in jungen Jahren wesentlich intensiver zu verlaufen als danach.

> »Der Terminus ›Postmaterialist‹ bezeichnet eine Reihe von Zielen, die betont werden, *nachdem* die Menschen materielle Sicherheit erreicht haben und *weil* sie diese materielle Sicherheit erlangt haben. Die Postmaterialisten bewerten wirtschaftliche und physische Sicherheit nicht negativ – sie bewerten sie positiv, wie jeder dies tut, aber im Gegensatz zu Materialisten geben sie den Zielen Selbstverwirklichung und Lebensqualität noch höhere Werte« (a.a.O., S. 56).

Mehrebenenansatz

Demgegenüber erklärt die Speyerer Werteforschung den Wertewandel mit einem Mehrebenenansatz, »der sowohl langfristig wirkenden Ursachen wie auch Katalysatoren und unmittelbaren Auslösern wesentliche Rollen zuschreibt« (Klages 2001, S. 728). Die gesellschaftliche Modernisierung und ihr zunehmender Bedarf an individualistisch gelagerten Selbstentfaltungsorientierungen wird als Hauptursache des Wertewandels betrachtet. Der für sich modernisierende Gesellschaften charakteristische »spontane« Wandel stellt vor diesem Hintergrund einen normalen Vorgang der subjektiven Veränderung dar. Für den Wandel bestimmter Wertegruppen sind nicht »Intergenerationseffekte«, sondern »lebenszyklische Effekte« und »Periodeneffekte« (a.a.O.) ebenso wie die Einwirkung einer zunehmenden Wissenserweiterung verantwortlich.

Der wesentliche Unterschied zwischen den beiden Theorien besteht nach Klages (2001) – abgesehen von der Interpretation der Trendrichtung des Wandels – in den jeweiligen Annahmen bezüglich einer Ein- oder Mehrdimensionalität der am Wandel beteiligten Werte. Nach Auffassung Ingleharts existiert ein Wandel von den *materialistischen* zu den *postmaterialistischen* Werten. Dabei stellen beide Richtungen jeweils einen Pol der gemeinsamen Dimension »Werte« dar, d.h. dem Wachstum der einen Seite, z.B. den postmaterialistischen Werten, entspricht notwendigerweise eine Schrumpfung der anderen Seite, in diesem Falle den materialistischen Werten. Zufolge der Theorie von Klages (1988) hingegen liegt ein Wandel von den *Pflicht-* und *Akzeptanzwerten* zu den *Selbstentfaltungswerten* vor, wobei es sich um voneinander unabhängige Dimensionen des Werteraumes handelt, die in der gesellschaftlichen Realität die unterschiedlichsten Verbindungen eingehen können.

Ein entscheidendes Symptom des Wertewandels äußert sich in einer *Interessenbezogenheit statt Wertorientierung*. Mit dem Wechsel wertorientierten Verhaltens in interessenorientiertes (z.B. bei den Unternehmern) wird beispielsweise eine relative Entkopplung des ökonomischen Systems vom politischen sichtbar mit der Folge der Ausrichtung der Marktteilnehmer auf »strategisch-utilaristische« Handlungsorientierungen. Kommt es zu Meinungsverschiedenheiten hinsichtlich bestimmter Werte, wird die Orientierung an gemeinsame Werte durch Interessenbefriedigung (z.B. die Krise der Europäischen Union während des Irak-Kriegs im Jahre 2003) ersetzt. In der kritischen Dissens-Situation tritt an die Stelle des gemeinsamen Handelns gemäß gemeinsamer Werte der strategische Verhaltenstyp nach dem Modell der Konkurrenz um knappe Güter. Der monologisch einsam Handelnde wird reprivatisiert. So ist nach Habermas »kommunikatives Handeln … an kulturellen Werten orientiert, strategisches (monologisches) Handeln … interessenorientiert« (1971, S. 252).

Wandel der Werte versus Wandel der Einstellungen

Mit sozialem Wandel ist immer ein Wandel von Werten und Orientierungsalternativen des Handelns verbunden. Zwischen ökonomisch-technologischem Wandel und dem Wandel im Kultur- und Wertebereich besteht jedoch kein simples Abhängigkeitsverhältnis, sondern eine komplexe Wechselbeziehung. Ökonomisch-technologischer Wandel kann durchaus mit Wertekonstanz einhergehen und sich ändernde Einstellungen können überhaupt erst die Voraussetzungen für die Akzeptanz neuer Techniken und Produktionsmethoden schaffen. Daher sollte möglicherweise weniger von »Wertewandel« die Rede sein, als vielmehr davon, dass einzelne Werte, z.B. die auf Arbeit, Leistung, Autorität und Pflichterfüllung gerichteten, unter sich wandelnden Bedingungen ihren Stellenwert in der sozialen und individuellen Wertorientierung ändern. Schließlich ändern Werte selbst sich nach von Hentig (1999) nicht, sondern ihre Rangfolge und vor allem die Mittel, mit deren Hilfe man sich ihrer versichert. Ebenso werden seiner Meinung nach durch veränderte Lebensverhältnisse keine neuen Werte hervorgebracht, sondern sie »machen nur die gewohnten und eingeübten Mittel zu ihrer Erreichung und Sicherung untauglich. Ein Wert oder Maßstab geht gelegentlich unter, weil er nicht mehr verständlich ist oder als ›tyrannisch‹ empfunden wird« (a.a.O., S. 70). Allerdings verfallen nicht Werte »an sich«, sondern »das Bewusstsein von ihrer Geltung lässt nach – meist mit ihrer Verwirklichung; es ist umgekehrt am stärksten in ihrer Entbehrung« (a.a.O., S. 69).

gesellschaftliche Kontext-gebundenheit

Werte sind historisch jeweils an einen bestimmten gesellschaftlichen Kontext gebunden. Auch Lucke setzt sich kritisch mit dem Begriff des »Wertewandels« auseinander, der ihrer Ansicht nach begrifflich nicht den »Wandel von Werten, sondern eine gewandelte Einstellung zu bestimmten Werten« belegt (2000, S. 393) und damit letztlich nichts anderes beschreibt, »als veränderte Werthaltungen, deren Zielobjekte sich ihrerseits in Bewegung befinden« (a.a.O.).

1.9 Moralische Urteilsfähigkeit nach Lind

moralische Einstellung ≠ moralisches Verhalten

Die Vorstellung, Moral und Demokratie seien allein eine Frage der Einstellung und Werthaltung und es genüge, moralisch oder demokratisch sein zu wollen, um es auch wirklich zu sein, ist heute nicht mehr haltbar. Denn ein reifes moralisch-demokratisches Verhalten hängt nicht nur von den moralischen Idealen und Vorsätzen eines Menschen ab, sondern insbesondere von seiner Befähigung, diese Ideale im Alltag konsistent und differenziert anzuwenden. Nach Lind (2003) hat sich in vielen wissenschaftlichen Untersuchungen offenbart, »zwischen (moralischen) Einstellungen und Werthaltungen einerseits und dem Verhalten in kritischen Situationen andererseits gibt es kaum einen systematischen Zusammenhang (Hartshorne & May 1928). Zudem können moralische Einstellungen und Werthaltungen, wenn nötig, in fast beliebiger Weise simuliert werden (Emler et al. 1983; Lind 2002)« (Lind 2003, S. 34). Individuelles Fehlverhalten ist darüber hinaus nicht immer nur eine Frage von Moral oder Unmoral, sondern häufig handelt es sich um die angemessene und nachhaltige Lösung von Problemen, welche gerade durch die Moral selbst aufgeworfen werden. Konflikte zwischen moralischen Anforderungen mit einem ähnlichen Gewicht werden dabei als besonders schwerwiegendes Dilemma empfunden.

moralische Urteilsfähigkeit

Wird Moral im Allgemeinen als die Gesamtheit von ethisch-sittlichen Normen, Grundsätzen und Werten verstanden, die das zwischenmenschliche Verhalten in einer Gesellschaft, welche diese als verbindlich akzeptiert, regulieren, geht Lind im Rahmen seiner Fähigkeitsdefinition darüber hinaus und bezeichnet Moral als das Vermögen, »in Bezug auf die eigenen moralischen Ideale konsistent und in Bezug auf die jeweilige Situation angemessen (differenziert) zu urteilen und zu handeln« (a.a.O., S. 33). Moralische Urteilsfähigkeit ist somit bedeutsam für die Einhaltung von Regeln und Gesetzen, für das Hilfeverhalten gegenüber Mitmenschen, den Einsatz demokratischer Grundrechte, den Widerstand gegenüber angemaßter Autorität u.a.m. (vgl. a.a.O.). Sie ist aber sowohl auf Wissen als auch auf Fähigkeiten angewiesen und bedarf daher neben der Vermittlung des »Was« auch der des »Wie«. Moralische Urteilsfähigkeit steht in unmittelbarem Zusammenhang zu einer Werteerziehung, die die Bereitschaft zur Selbstreflexion und zur Verantwortungsübernahme befördern will. Daher wird sie dem gesamten Buch als wesentlicher Aspekt schulischer Werteerziehung explizit und implizit zugrunde liegen.

moralisches Verhalten als Schlüsselqualifikation

Das Kernproblem von Heranwachsenden (und vielen Erwachsenen) ist nach Lind vor allem die mangelhafte Befähigung, moralische Werte und Prinzipien im Alltag angemessen um- bzw. einzusetzen. Dabei stellt die Fähigkeit, moralische Dilemmata im angemessenen Verhältnis zu lösen, in nahezu allen Lebensbereichen eine Schlüsselqualifikation dar,

Bildungstheorie der Moralentwicklung

die für sie ebenso wichtig sind wie die klassischen Kulturtechniken Lesen, Schreiben und Rechnen. Lind entwirft aus diesem Grund eine »Bildungstheorie der Moralentwicklung«, nach der »Moral ein Aufgabenfeld von ähnlicher Struktur und mit ähnlichen Erfordernissen darstellt wie jedes andere Aufgabenfeld, dem wir uns im Leben stellen müssen, und dass daher ganz ähnliche didaktische Bemühungen notwendig sind, um moralische Urteilsfähigkeit optimal zu fördern« (1993, S. 12). Vor dem Hintergrund dieser Überlegungen müssen einerseits Kenntnisse (als moralisches Wissen) vermittelt werden, andererseits muss Schülerinnen und Schülern ein Feld für die Erprobung dieser Kenntnisse und die Förderung ihrer moralischen Fähigkeiten zur Verfügung stehen. Eine solchermaßen effektive Moralerziehung ist auf »eine spezielle Didaktik, gut ausgebildete Pädagogen und entsprechende Lehrpläne angewiesen« (a.a.O., S. 13).

Zwei-Aspekte-Modell

Zusammenhang von Emotion und Kognition

Ausgangspunkt der psychologischen Forschung und des pädagogischen Ansatzes von Lind ist das **Zwei-Aspekte-Modell**. Grundlegend hierbei ist die Erkenntnis, dass Affekt und Kognition nur verschiedene Aspekte bzw. Eigenschaften ein- und desselben Verhaltens sind. Insbesondere die Ergebnisse der Emotionspsychologie und der Neurobiologie der vergangenen Jahre haben viele neue Kenntnisse über den Zusammenhang von Emotion und Kognition hervorgebracht (vgl. Standop 2003). So wird heute die Ansicht von Emotion als einem Prozess vertreten, der aus mehreren Komponenten besteht, wobei die kognitive Komponente ein Element darstellt. Die enge Verbindung zwischen Emotion und Kognition schließlich weist darauf hin, dass Emotion und Kognition sich gegenseitig durchdringen. Darüber hinaus besteht nach Erkenntnissen der Neurobiologie ein Einfluss von Emotionen auf die Kognition. Einhergehend mit der bedürfnis- und situationsgerechten Auswahl von Verhaltensweisen haben Emotionen nach heutiger Sicht u.a. die Funktion der Situationsbewertung als »konzentrierte Erfahrungen«. Darüber hinaus greifen Emotionen in die bewusste Verhaltensplanung und -steuerung ein, sie sind an der Handlungsauswahl beteiligt, liefern bestimmte Verhaltensweisen und wirken energiespendend auf diese bei ihrer Ausführung, während sie andere unterdrücken (vgl. a.a.O., S. 31ff.).

Das »Zwei-Aspekte-Modell«

Moralische Ideale oder Prinzipien (*Affekte*)	⟶	Moralische Fähigkeiten (*Kognitionen*)	⟶	Moralische Entscheidung/ Moralisches Verhalten

(Nach Lind, a.a.O.)

Linds Modell liegt die Annahme zugrunde, dass »(fast) alle Menschen moralische Ideale oder Prinzipien haben, für deren Anwendung im Verhalten sie eine Reihe moralischer Fähigkeiten benötigen, die der besonderen Förderung durch pädagogische Institutionen (bzw. Sozialisationsinstanzen) wie Eltern, Schule, Hochschule und so weiter bedürfen« (Lind 2003, S. 39). Unter moralischen Prinzipien werden dabei von ihm alle jene Werthaltungen verstanden, »von denen man wollen kann, ... dass sie zur Grundlage einer allgemeinen (nämlich für alle Menschen gültigen) Gesetzgebung werden können: Achtung vor der Würde des Menschen, Rechtsstaatlichkeit, soziale Gerechtigkeit sowie die Freiheit der Meinung und der politischen Versammlung u.a.m.« (a.a.O., S. 41f.).

moralische Fähigkeiten

moralische Prinzipien

Die moralischen Eigenschaften von Menschen lassen sich nicht in moralische Affekte/Emotionen und moralische Kognitionen aufspalten, ebenso wie auch moralische Verhaltensweisen nicht in einen emotionalen und einen kognitiven Bereich unterschieden, sondern nur ganzheitlich betrachtet werden können. Daher darf sich nach diesem Ansatz eine pädagogische Förderung der Moralerziehung nicht darauf beschränken, moralische Einstellungen und Werthaltungen durch die Vermittlung von Werten und Normen zu beeinflussen, sondern muss die ganzheitliche Erziehung des moralischen Verhaltens zum Ziel haben.

moralische Eigenschaften

ganzheitliche Betrachtung

1.10 Die Problematik des Bruches zwischen Urteil und Handeln

Zwischen dem als richtig Angesehenen, das im moralischen Urteil seinen Niederschlag findet, und komplizierten Situationsparametern, denen man zunächst einmal ausweichen möchte, besteht ein Spannungsverhältnis. Mit wenigen Ausnahmen sind bis heute wissenschaftliche, systematische Beschreibungen und Erklärungen des Bruchs zwischen Urteil und Handeln nicht gelungen. Allerdings haben insbesondere die Psychologen Kohlberg und Blasi durch intensive Forschung versucht, das Problem zu lösen.

Urteil und Handeln

Dachte Kohlberg zunächst, dass das Handeln durch das Urteil determinierbar sei, revidierte er diese Ansicht später und sieht in folgenden Theorien Urteil und Handeln in einem festen Zusammenhang. Darüber hinaus hängt für ihn »die moralische Handlung a) von der Übereinstimmung mit einer Norm, b) von der Intention des Handelnden her, oder c) schließlich von so genannten Wohlfahrtskonsequenzen, die über Wahrnehmung, Interesse oder Gefühl bestimmt werden«, ab (Oser/Althoff 2001, S. 228). Wie Personen in konkreten moralischen Entscheidungssituationen schließlich handeln werden, ist auch aus der Kenntnis der Prinzipien, auf die sie sich berufen, noch nicht vollständig vorhersagbar. Daher führt Kohlberg (wie Blasi) das *Verantwortungsurteil* ein: Dieses

Modell der Verantwortlichkeit

steht in Zusammenhang mit dem »moralischen Selbst« der Person, betrifft also die Übereinstimmung der jeweiligen Handlungsmöglichkeiten mit ihrem Selbstgefühl. Verantwortung wird auf diese Weise definiert als Verpflichtung des *Selbst* zum Handeln. Kohlberg und Candees (1984) »Modell der Verantwortlichkeit« zufolge erkennt die Person um so eher, dass der Protagonist in einer hypothetischen Situation (oder sie selbst in einer realen Situation) dazu verpflichtet ist, mit der zu dem moralischen Problem getroffenen Entscheidung konsistent zu handeln, je höher ihre moralische Entwicklungsstufe ist.

Untersuchungen brachten erstaunliche Ergebnisse über die lineare Zunahme der Übereinstimmung von Urteil und Handeln, besser, Urteil und Verantwortlichkeit. Die Person sieht sich demnach, von Stufe zu Stufe, zusehends mehr in die Situation involviert und integriert fortschreitend ihre Wahrnehmung des moralischen Problems mit ihrer Sicht der für einen Umgang damit notwendigen Handlungsweise. Eine höhere Stufe bringt nicht nur eine je größere Verpflichtung für ein bestimmtes Handeln hervor, sondern auch ihre je eigene Rechtfertigung für ein mögliches Versagen.

Zusammenhang zwischen Verantwortlichkeit und Stufen moralischer Entwicklung

Die zunehmende Verantwortlichkeit einer Person bei höherer moralischer Stufe ist für Kohlberg der Anlass, über die Beschaffenheit dieser Verantwortlichkeit nachzudenken. Als ein meta-ethisches Konzept umfasst sie für ihn ein spezielles Menschenbild. »Weil jede höhere Stufe autonomer urteilt (freier Wille versus Determiniertheit), handelt es sich bei der Verantwortlichkeit nicht bloß um Faktisches (jemand ist verantwortlich), sondern auch um Gesolltes (jemand sollte verantwortlich sein). Der Grund für einen Sachverhalt kann zwar sein, dass jemand Verantwortung nicht wahrgenommen hat, aber dies impliziert ja auch, dass man wollen kann, dass er verantwortlich sein solle. Und dies wiederum schließt ein Menschenbild ein, das Bedingungen der Möglichkeit der Verantwortungsübernahme voraussetzt« (a.a.O., S. 232). Ursache für Nicht-Handeln kann sowohl das Nicht-Erkennen der richtigen Handlung sein, als auch eine Urteil-Handlungsinkonsistenz. Eine höhere Stufe hat nach Kohlberg einerseits die monotone Zunahme der Übereinstimmung mit Personen der Stufe 5 hinsichtlich der Richtigkeit einer bestimmten Handlungsweise, andererseits der Verantwortungsübernahme bzw. der Konsistenz von dem als gesollt Erkannten und dem wirklich Getanen zur Folge (eine umfassendere Auseinandersetzung und Darstellung des Stufenmodells erfolgt in Kapitel 2.3.1).

Kohlberg und Candee (1984) haben mit vielen Daten und Belegen ein tragfähiges Modell zum Zusammenhang zwischen moralischem Urteilen und Handeln entworfen. Gleichwohl »ist die Frage nach der eigentlichen Qualität dieses Urteil-Handlungszusammenhangs nicht wirklich gelöst. Vieles bleibt offen, so die Rolle des Gewissens, die Frage nach der Situationsspezifität vieler Handlungen, nach der sozialen Akzeptanz kleiner Übertretungen (›Kavaliersdelikte‹), nach dem äußeren Handlungsdruck und anderes« (a.a.O., S. 236).

1.10.1 Blasis Modell zum Urteil-Handlungszusammenhang

Verantwortungsbewusstsein und Selbstkonsistenz

Auch Blasi nimmt Verantwortungsbewusstsein als intervenierende Variable zwischen Denken und Handeln an, fügt aber ein weiteres Element, nämlich *Selbstkonsistenz* und, als modifizierende Variable, *Bewältigungsmechanismen* hinzu. Für Blasi bedeutet Verantwortlichkeit die Anerkennung der Verpflichtung, dem eigenen Urteil entsprechend zu handeln, d.h. dass als Konsequenz eines bestimmten Urteils die Handlungslast bei dem Individuum selbst liegt.

Selbstkonsistenz bedeutet, in Übereinstimmung mit der eigenen Vorstellung von sich selbst als Person zu handeln, und ist daher nicht Folge differenzierten moralischen Urteilens oder Denkens. Die Anerkennung der eigenen Verpflichtung zum Handeln trägt zur Aufrechterhaltung von Selbstkonsistenz bei. Blasi geht davon aus, dass die Aufrechterhaltung von Selbstkonsistenz von Bewältigungsstrategien abhängt. Personen unterscheiden sich hinsichtlich ihrer Konfliktlösungsstrategien; Blasi differenziert hier zwischen Bewältigungs- und Abwehrmechanismen. Im Falle der Bewältigung berücksichtigt die Person das Spektrum von Variablen in einer gegebenen Situation und sucht Konflikte in organisierter Weise zu lösen; Abwehrstrategien hingegen ignorieren oder unterdrücken gewisse Konfliktbereiche. Blasi nimmt an, dass Abwehrmechanismen die Selbstkonsistenz vermindern und daher die Wahrscheinlichkeit verringern, ein Urteil in subjektiv wahrgenommene Verantwortung und diese in Handlung umzusetzen. Auch sein Konzept spricht dafür, dass Kognition allein keine hinreichende Erklärung für die Beziehung zwischen moralischem Denken und Handeln bietet. Untersuchungen realer Lebenssituationen machen die affektive Dimension sichtbar, die bei der je individuellen Lösung des Dilemmas in Rechnung gestellt werden muss (Weinreich-Haste 1986; Blasi 1984).

Konfliktlösungsstrategien

Blasi spricht in seinem *Konzept des »moralischen Selbst«* von einer genuinen moralischen Motivation kognitiver Art, d.h., dass der Aktor (a) die Bedeutung der Handlung erkennt und (b) motiviert ist, entsprechend seinem Verstehen zu handeln. Demnach impliziert kognitive Motivation, dass die Überzeugung vom Richtigen bereits einen Handlungsimpetus enthält. Moralisch relevantes Verhalten ist stets durch ein vorwegnehmendes Urteil determiniert. Fällt dieses positiv aus, stimmt das Handeln mit dem Urteil überein und der Handelnde agiert also, weil er dieses als moralisch gut wertet. Im negativen Fall tritt das Gegenteil ein. Zwar existieren noch weitere Formen von Motivation, aber nach Ansicht Blasis sind vor allem motivationale Funktionen des Erkennens des moralisch Richtigen bis heute nicht angemessen beachtet worden.

Hypothesen zum Urteils-/Handlungszusammenhang

Blasi entwirft sein Modell in sieben Hypothesen:

- »*1.Hypothese:* Moralische Handlungen sind Antworten auf Situationen, so wie diese gemäß den moralischen Urteilsstrukturen definiert und interpretiert werden, d.h. antworten auf einen Kriterienkomplex, der das moralisch Gute bestimmt.
- *2. Hypothese:* Moralische Handlung hängt direkt von der moralischen Wahl ab, d.h. vom Inhalt des moralischen Urteils. Die Strukturen oder Kriterien des moralischen Urteilens können direkt zur Wahrscheinlichkeit in Beziehung gesetzt werden, mit der bestimmte Verhaltensweisen auftreten oder nicht auftreten.
- *3. Hypothese:* Moralische Urteile werden, bevor sie zur Handlung führen, durch eine zweite Reihe von Regeln und Kriterien bearbeitet, nämlich durch diejenigen, die sich auf persönliche Verantwortlichkeit beziehen. Die Funktion des Verantwortungsurteils ist es, zu bestimmen, in welchem Ausmaß das, was moralisch gut ist, auch unbedingt verpflichtend für einen selbst ist.
- *4. Hypothese:* Die allgemeinen Kriterien, nach denen eine Person ein Verantwortungsurteil bildet, sind von Person zu Person verschieden und hängen mit der Selbstdefinition oder der Organisation des Selbst zusammen.
- *5. Hypothese:* Der Übergang vom Verantwortungsurteil zur Handlung wird dynamisch unterstützt durch die Tendenz zur Selbstkonsistenz, welche eine zentrale Tendenz in der Persönlichkeitsorganisation darstellt.
- *6. Hypothese:* Die Konsistenz zwischen dem moralischen Urteil und der Handlung wird in dem Maße höher sein, in dem das Individuum über Einstellungen und Strategien verfügt, mit deren Hilfe es Störungen begegnen kann, die durch konfligierende Bedürfnisse entstehen.
- *7. Hypothese:* Im Anschluss an eine Handlung, die dem Verantwortungsurteil der Person widerspricht, empfindet diese Schulgefühle, welche eine emotionale Antwort auf die Inkonsistenz im Selbst darstellen« (Oser/Althoff 2001, S. 242f.).

Zusammenfassung

Wertproblematik

- Werte sind die ethischen Imperative, die das menschliche Verhalten steuern und somit zugleich die Voraussetzungen und Normen einer Gesellschaft.

- An der Spitze der gesellschaftlichen Wertehierarchie stehen die so genannten Grundwerte, die das Zusammenleben der Menschen trotz unterschiedlich existierender Wertesysteme in einer Gesellschaft ermöglichen.
- Der Pluralismus als eine Konsequenz der verschiedenen in einer Gesellschaft existierenden Wertesysteme betrifft auch das Individuum als solches, da unserem Handeln immer eine Reihe verschiedener Motive zugrunde liegt.
- Dennoch sind nicht alle Werte als gleich gültig bzw. als gleichberechtigt anzusehen, einige sind bedeutsamer und somit bedarf es eines allgemeinen Wertekonsenses, auf dessen Basis beispielsweise der Verallgemeinerungs- bzw. Universalisierungsgrundsatz zugrunde liegt.
- Werte sind stets an einen bestimmten gesellschaftlichen Kontext gebunden. Obwohl es relativ unbestritten ist, dass es innerhalb von Gesellschaften bzw. Individuen zu einem Wertewandel kommen kann und es in den vergangenen Jahrzehnten eine Veränderung der Bedeutung einzelner Werte in unserer Gesellschaft gegeben hat, besteht bislang noch keine Einigkeit über die Ursache eines solchen »Wertewandels«.
- Ein reifes moralisch-demokratisches Verhalten hängt nach Lind (2003) insbesondere von der Befähigung eines Menschen ab, diese Ideale im Alltag konsistent und differenziert anzuwenden. Da moralisches Verhalten sowohl auf moralischen Prinzipien als auch moralischen Fähigkeiten gründet, muss eine pädagogische Förderung der Moralerziehung die ganzheitliche Erziehung des moralischen Verhaltens anstreben.
- Möglicherweise ergibt sich durch diese Vorgehensweise der Heranbildung einer Werturteilsfähigkeit auch am ehesten die Gelegenheit, den Bruch zwischen Urteil und Handeln zu überwinden und die *Erkenntnis der Bedeutung von Verantwortungsübernahme* bei Individuen zu initiieren.

Erziehungsrelevante Aspekte der Wertproblematik

Die für die Erziehung bedeutsamen Aspekte der Wertproblematik können nach Schröder (1978, S. 28) in folgender Weise zusammengefasst werden:

- *»Nur der Mensch besitzt die Fähigkeit des Wertens.*
- *Die Werte repräsentieren sich durch Normen, welche mit einem mehr oder weniger stark ausgeprägten Aufforderungscharakter an ihn herantreten (Sollenscharakter der Werte).*
- *Es ist nicht möglich, eine allgemein gültige und verbindliche Werthierarchie für die Rangfolge der Werte zu erstellen.*

- *In der realen Situation des menschlichen Handelns führt die Bevorzugung des einen Wertes notwendigerweise zur Zurückstellung anderer Werte.*
- *Im Bereich des subjektiven Erlebens kommt es daher häufig zu Wertkonflikten.*
- *In der Bevorzugung und Zurückstellung bestimmter Werte bilden sich im Prozess der Individualisierung und Selbstentfaltung spezifische Werteinstellungen und -haltungen.«*

2. Werte und ihre Bedeutung für das Individuum

2.1 Funktionen von Werten und Wertesystemen

Internalisierung von Wertesystemen

Vor allem die *Internalisierung von Wertesystemen in der Kindheit und Pubertät* wird dafür verantwortlich gemacht, dass Individuen sich nicht nur an Sollnormen halten, sondern diese als Werte schätzen und achten bzw. danach streben lernen. Werte als ideale Zielvorstellungen von Gruppen oder anderen sozialen Systemen sind als solche nur dann effektiv und tragfähig, wenn die einzelnen Individuen diese als »ihre« Werte akzeptiert haben und danach streben, sie möglichst »ideal« zu verwirklichen. Hinsichtlich der Anerkennung und Verwirklichbarkeit können Werte allerdings auch die Resultate von Normen als Soll- und Kann-Verhaltensvorschriften sein, d.h. man akzeptiert bestimmte Normen als individuelle und soziale Werte.

Wertekrise

Die so genannte »Wertekrise« beinhaltet ein erzieherisches Problem, denn der Mensch muss lernen, die Unübersichtlichkeit, die er selbst geschaffen hat, wieder zu ordnen. Gefordert ist daher Bildung. Die Bedingungen des Aufwachsens und des Zurechtfindens in dieser Welt haben sich offenkundig gewandelt. Waren die Wahlmöglichkeiten in der Vergangenheit aufgrund der eingeschränkten sozialen, kulturellen und ökonomischen Ressourcen erheblich geringer, hat der moderne Mensch beträchtlich mehr Angebote zur Auswahl. Das Individuum ist daher heute genötigt, zu entscheiden, zu verantworten und auch die Konsequenzen dafür tragen zu müssen, welche Formen der Lebensführung es wählen, welchen Moralvorstellungen es folgen und welche Überzeugungen es vertreten will.

Werte als vollzogene Wertung

Werte sind das Ergebnis einer vollzogenen Wertung. In dieser Hinsicht existieren keine Werte »an sich«, sind diese nicht ohne ein Individuum denkbar. Werten bedeutet in diesem Zusammenhang, einer Frage oder einem Gegenstand gegenüber ein Verhältnis zu definieren. Beim Vorgang des Wertens überschaut und klärt das Individuum seine Beziehung zu einer Sache und entwickelt dieser gegenüber eine Einstellung, die an jedem beliebigen Punkt auf der Bewertungsskala von Ablehnung bis Zustimmung liegen kann. Somit bedeutet »Werten« zunächst lediglich die Zuweisung eines Rangplatzes, welcher die Bedeutung eines Gegenstandes gegenüber anderen zuvor bereits gewerteten Gegenständen zum Ausdruck bringt. Jede Sache kann zum Objekt des Wertens werden und die Werte eines Menschen sind somit das Ergebnis seiner Wertschätzungen. Der Mensch definiert sich gegenüber dem Gegenständlichen, grenzt sich ab und entwickelt persönliche Präferenzen und Ablehnungen. In der Art und Weise wie Werte im Sinne von Rangzuweisungen positive oder negative Beziehungen zum Ausdruck bringen, sind sie lediglich die positiven wie negativen Verhältniskennzeichnungen des Individuums. Im Allgemeinen werden Werte aber als positive Qualitäten verstanden, daher sollten sie entsprechend als positive Verhältnissetzungen aufgefasst werden, die also eine Zustimmung, eine Anerkennung bzw. ein Begehren beinhalten. Es wäre somit nicht sinnvoll, von »negativen Werten« bzw. »Unwerten« zu sprechen.

Orientierungsfunktion von Werten

Mittels der Werte, welche das Individuum für sich definiert hat, orientiert es sich innerhalb seiner Lebenswelt und schafft mit ihrer Hilfe zumindest subjektiv Ordnung im »Gewirr« der Realität. Aus diesem Grund verkörpern die Werte zugleich die Motive, auf welche das Individuum sein Handeln bezieht. Im Sinne der Selbstbestimmung begründet jeder Mensch Werte, die seinem Tun und Lassen eine Richtung geben. Eine Lebensführung ohne Werte ist nicht vorstellbar, weil dem Menschen ohne diese sein Bezugssystem fehlen würde. Und ohne dieses Bezugssystem wäre wiederum ein Durchschauen der täglichen gesellschaftlich vermittelten Anforderungen und damit Selbstbestimmung nicht möglich. Die individuellen Werte stellen somit die Richtungsanzeiger dar, anhand derer dem eigenen Leben eine Systematik gegeben wird, um das subjektiv Wichtige vom Belanglosen zu trennen. Für die individuelle Lebensführung sind Werte also unverzichtbar, denn erst durch das Werten ist der Mensch in der Lage sein Verhältnis zur Welt zu bestimmen.

> »Sie sind die notwendigen Eckpunkte, deren er bedarf, um sich gegenüber dem zunächst erst noch zu konstituierenden Gegenständlichen ins Verhältnis zu setzen und damit zu definieren« (Fees 2000, S. 269).

Werte und Austauschbeziehungen

Die Gesamtheit der Gesellschaft kann – in Anlehnung an Hondrich (1979) – schematisierend und vereinfacht in wenigstens vier Subsysteme aufgegliedert werden. Diese stehen nacheinander oder gleichzeitig mit dem Individuum in Austauschbeziehungen und prägen seine Bedürfnisse, Leistungsbereitschaft, Leistungsfähigkeit und Zufriedenheit. Da das Individuum seine Bedürfnisse nicht nur mit den Werten eines sozialen Systems in Einklang bringen, sondern sie differenzieren und mit den Werten mehrerer sozialer Systeme abstimmen muss, werden die Abstimmungsprobleme komplexer. Dasselbe gilt für die Austauschprozesse in anderen Bereichen. So werden die vorab durch die Anforderungen und

Angebote eines Systems – z.B. des Familiensystems – gebildeten Bedürfnisse später vom Individuum auf ein anderes System, z.B. das Berufssystem gerichtet. Dort stoßen sie mit den dazu jeweils gehörenden Werten, Normen etc. zusammen und erfahren hierbei eine typische Neuformung bzw. Differenzierung. Denn die Bedürfnisbefriedigungen, Zwänge etc. des zusätzlichen Systems sind in der Regel andere als die des bekannten und führen daher zwangsläufig zu Bedürfnisversagungen bzw. Bedürfnisbeschränkungen. Das Individuum ist bemüht, in internen Abstimmungsprozessen die unterschiedlichen Anforderungen und Belohnungen der verschiedenen Sozialsysteme aufeinander abzustimmen und bildet durch diese Vorgehensweise zunehmend seine Identität und Individualität aus.

Das personale System im Austausch mit mehreren Sozialsystemen

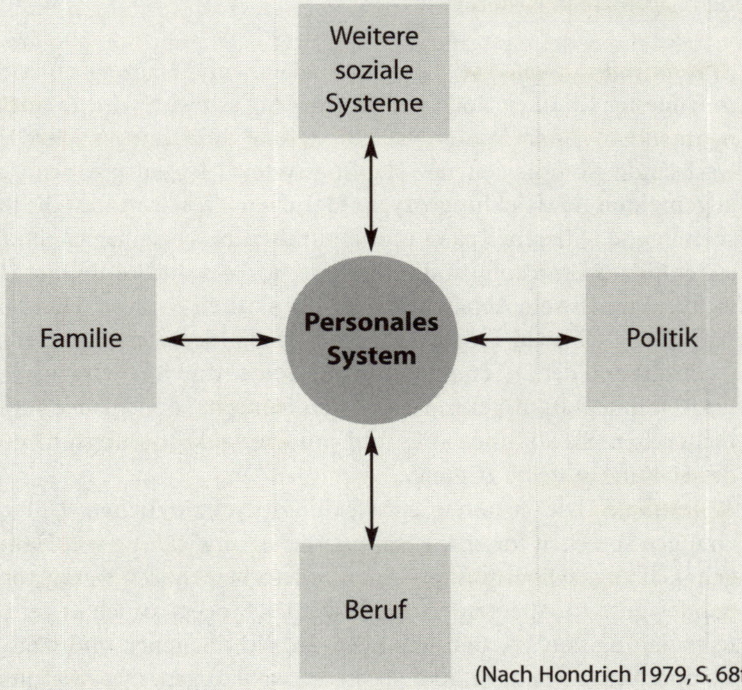

(Nach Hondrich 1979, S. 68f.)

In dem jeweiligen Individuum sind somit auf sehr komplexe und beziehungsreiche Art einerseits die eigenen Bedürfnisse und anderes gegenüber den verschiedenen Sozialsystemen in Einklang zu bringen, andererseits ebenso die »outputs« der jeweiligen Sozialsysteme, also die Werte,

Normen, Belohnungen und physischen Zwänge. Über die individuellen Bedürfnisse, Leistungsbereitschaften, Leistungsfähigkeiten und Zufriedenheiten sind diese wiederum mit den sozialen Werten, Normen, Belohnungen und physischen Forderungen bzw. Zwängen anderer Sozialsysteme abzustimmen.

2.2 Die Entwicklung von Werthaltungen bei Kindern und Jugendlichen

Kriterien der Entwicklung von Werthaltungen

Für die Übernahme von Werthaltungen hat nach Oerter (1974, S. 270ff.) das Lernen durch Nachahmung und Identifikation eine herausragende Funktion. Im Rahmen seiner Theorie vermutet er, dass das Kind nicht nur zufällig vereinzelte Verhaltensweisen und Gewohnheiten imitiert, sondern Überzeugungen und Wertesysteme vollständig übernimmt. Charakterisieren lässt sich die Entwicklung von Werthaltungen mit folgenden allgemeinen Kriterien:

- *Zunehmende Komplexität.* Ist das Verhaltens- und Haltungsrepertoire in frühester Kindheit noch verhältnismäßig schlicht, wird es mit zunehmendem Alter immer vielfältiger und beziehungsreicher. Die wachsende Komplexität des Haltungssystems ist entsprechend den allgemeinen entwicklungspsychologischen Gesetzen durch fortschreitende Differenzierung und Zentralisation gekennzeichnet. Darüber hinaus kann aufgrund veränderter sozialer und kultureller Umweltverhältnisse ein Abbau bisheriger Strukturen erfolgen. Hierdurch tritt häufig – bis zur Entstehung eines neuen hierarchischen Gefüges – ein Zustand der Desorganisation auf. Solche durch Desorganisation und Desintegration gekennzeichneten »Krisen« sind in der Jugend nicht selten. Sie kommen aufgrund von Umstrukturierungsprozessen der Haltungssysteme zustande.
- *Kontinuität.* Die neueren entwicklungspsychologischen Untersuchungen sprechen für eine kontinuierliche Entwicklung von Haltungen. D.h., benachbarte Altersstufen unterscheiden sich wenig voneinander, größere Altersunterschiede werden hingegen auch in der Differenzierung von Werteinstellungen deutlich. Seltener sind dagegen abrupte Veränderungen oder starke Schwankungen. Die Kontinuität dieser Entwicklung steht in Zusammenhang mit der Entwicklung als einem sozialen Lernprozess. Sowohl kurzzeitige als auch längerfristige Lernprozesse stellen sich als kontinuierliche Verhaltensänderungen dar. Werthaltungen, die sich durch zunehmende Komplexität auszeichnen, werden sich daher nur unter bestimmten Extrembedingungen plötzlich umstrukturieren.

- *Zunahme der persönlichen Autonomie.* Je jünger das Kind ist, desto größer ist die Abhängigkeit seiner Werthaltungen von denen der Erwachsenen, insbesondere der seiner Eltern (vgl. auch Kapitel 2.2.2). Mit zunehmendem Alter verändern sich die Werthaltungen aber in Richtung auf eine Zunahme der persönlichen Autonomie, beginnend bereits gegen Ende der frühen Kindheit (ca. 6–8 Jahren). Überzeugungen sind nun nicht mehr richtig aufgrund einer autoritären Bindung, sondern die persönliche Wertestruktur wird zunehmend unabhängiger und aufgrund anderer Begründungen entwickelt (z.B. aufgrund der eigenen Überzeugung von der Notwendigkeit bestimmter Normen bzw. der Annahme einer vom menschlichen Verhalten unabhängigen absoluten Gültigkeit der Werte) und hängen mit der Veränderung der kognitiven Haltungskomponente zusammen. Zwar kann die Haltung inhaltlich durchaus genau die gleiche sein wie früher, jedoch wird sie nun als persönliche, ureigenste Überzeugung begründet und vertreten. Von besonderer Bedeutung ist hierbei auch der wachsende Einfluss der Gleichaltrigen bzw. der informellen Freizeitgruppen.
- *Realismus und Liberalismus.* Untersuchungen über die Entwicklung von Haltungen und Wertkonzepten zeigen, dass die Jugendlichen realistischer und liberaler in ihren Werthaltungen werden. Der ethische Rigorismus wird aufgegeben und die absolute Gültigkeit eines anerkannten Wertes durch zunehmende Erfahrung mit der Realität eingeschränkt. »Die Entwicklung der Haltungen scheint also von starr zu flexibel, von rigoros zu liberal, von wirklichkeitsfremd zu wirklichkeitsnah zu verlaufen« (Oerter 1974, S. 278).

  Unter besonderen Bedingungen (z.B. eine besonders rigide Erziehung im Elternhaus oder im Gegensatz dazu eine völlige Vernachlässigung durch die Eltern, extreme Erfahrungen wie Misshandlung, die Erfahrung von Todesnähe oder auch das Vorliegen psychischer Erkrankungen) kann die Entwicklung von Werthaltungen in Richtung auf größeren Realismus und Liberalismus allerdings auch unterbrochen werden bzw. gänzlich ausbleiben. Es kommt zu Haltungsextremen und den Individuen wird eine normale Eingliederung in die Gesellschaft stark erschwert bzw. zuweilen sogar unmöglich.

Weitere Faktoren der Werthaltungsentwicklung

Folgende Faktoren sind nach Schröder (1978) neben den allgemeinen Gesetzlichkeiten wie von der heteronomen zur autonomen Entwicklung in Verbindung mit der zunehmenden Komplexität, der Kontinuität, des Liberalismus und Realismus für die Entwicklung von Werthaltungen von Bedeutung:

↳ weitere Faktoren

- *Wandel der Bezugsperson.* Sind die Wertqualitäten des Kindes aufgrund seiner Anerkennung der elterlichen Autorität noch an konkrete Personen der Familie gebunden, nimmt im Laufe der Kindheit die Idealisierung der Eltern ab und andere Personen gewinnen als Vorbild an Bedeutung. Insbesondere die Normen und Wertvorstellungen der Gruppe der Gleichaltrigen beeinflussen das weitere Verhalten.
- *Erziehungsstil der Eltern.* Die frühkindliche Werteerziehung findet hauptsächlich in der Familie statt, aus diesem Grund sind die elterlichen Erziehungsstile und -praktiken in hohem Maße für die Entwicklung des kindlichen Wertebewusstseins mitverantwortlich.
- *Auswirkungen des sozioökonomischen Status.* Die Entwicklung der Wertvorstellungen wird in erheblichem Maße von der Schichtzugehörigkeit[1] beeinflusst, da in den verschiedenen Schichten unterschiedliche Wertvorstellungen und Wertprioritäten dominieren. Dies lässt allerdings nicht den Schluss auf ein »qualitatives Gefälle« in dem Sinne zu, dass Kinder aus höheren sozialen Schichten bessere Möglichkeiten zur Ausbildung von Werthaltungen erhalten.
- *Vielfalt der individuellen Entwicklungsformen.* Das Wertebewusstsein entfaltet sich interindividuell sehr unterschiedlich aufgrund der Komplexität der Werteentwicklung wie auch der Vielfalt des Zusammenwirkens entwicklungs- und umweltbedingter Faktoren in Zusammenhang mit anderen Aspekten der seelisch-geistigen Entwicklung. »Die für eine Wertbegegnung bedeutsamen Prozesse akzentuieren sich daher nicht lebensaltersgemäß, sondern lernaltersgemäß« (Schröder 1978, S. 40). Eine erfolgreiche Werteerziehung im schulischen Unterricht muss daher neben dem allgemeinen Lebensalter der Schüler auch den jeweiligen individuellen Lernentwicklungen bzw. -voraussetzungen Rechnung tragen.

Auf die sich abzeichnenden Konsequenzen für einen wertorientierten Unterricht in der Schule wird später ausführlich eingegangen.

2.3 Modelle zur Entwicklung des Denkens über Moral

Theorien zur moralischen Entscheidungsfindung

Im Folgenden werden aus der Fülle der Modelle zur moralischen Entscheidungsfindung zwei Theorien vorgestellt, die einerseits in der Wissenschaft eine besondere Bedeutung erlangt haben und andererseits zwei grundsätzlich unterschiedliche Zugänge zu dem Thema aufweisen.

1 In der neueren Forschung wird der Schichtbegriff im Allgemeinen nicht mehr verwandt, sondern beispielsweise wie in der PISA-Studie (2000) von »Dienstklassenzugehörigkeit« gesprochen.

2.3.1 Kohlbergs Stufentheorie des moralischen Urteilens

Kohlberg: Begründung normativer Urteile

Der Entwicklungsverlauf des moralischen Denkens wurde insbesondere von Kohlberg (1974) umfassend erforscht. Sein Interesse galt dabei vor allem der Entwicklung von Begründungen normativer Urteile und den Orientierungen, die diese Urteile leiten. Untersucht hat Kohlberg die Begründungen der Normen anhand moralischer Dilemmata, also Konflikten zwischen zwei moralischen Ansprüchen.

Beispiel 1: Das »Heinz-Dilemma«

Eine todkranke Frau litt an einer besonderen Krebsart. Es gab ein Medikament, das nach Ansicht der Ärzte ihr Leben hätte retten können. Ein Apotheker der Stadt hatte es kurz zuvor entdeckt. Das Medikament war teuer in der Herstellung, der Apotheker verlangte jedoch ein Vielfaches seiner eigenen Kosten. Heinz, der Ehemann der kranken Frau, borgte von allen Bekannten Geld, brachte aber nur die Hälfte des Preises zusammen. Nach ergebnislosen Verhandlungen mit dem Apotheker brach Heinz in die Apotheke ein und stahl das Medikament für seine Frau.

An eine solche Vorgabe schließen sich Fragen an: Hätte Heinz das Medikament stehlen sollen? Warum? Was ist schlimmer: jemanden sterben zu lassen oder zu stehlen? Warum? Hätte der Ehemann einen triftigen Grund zu stehlen, auch wenn er seine Frau nicht liebt? Wäre es genau so gerechtfertigt, für einen Fremden wie für die eigene Frau zu stehlen? Warum? Angenommen, Heinz stiehlt das Medikament für ein Haustier, das er sehr gern hat. Wäre es gerechtfertigt, für ein solches Tier zu stehlen? Heinz stiehlt das Medikament und wird festgenommen: Soll der Richter ihn verurteilen? Warum? Der Richter überlegt sich, Heinz ohne Strafe freizulassen. Was könnten die Gründe sein? Wenn man einmal daran denkt, dass wir alle in einer Gesellschaft zusammenleben, welche Gründe hätte der Richter dann, Heinz zu verurteilen?

Beispiel 2: Das »Sterbehilfe-Dilemma«

Eine Frau war lebensbedrohlich an Krebs erkrankt. Man kannte keinerlei Behandlung, die sie retten konnte. Der Arzt gab ihr etwa noch sechs Monate zu leben. Sie hatte unerträgliche Schmerzen. Sie bat den Arzt immer wieder um eine Überdosis Morphium, damit sie sterben könne.

Sollte der Arzt ihr das Medikament geben, das sie töten würde? Warum? Weitere Fragen schließen sich an.

(Aus: Oerter/Montada 1995, S. 875)

Nicht verwechselt werden sollten moralische Dilemmata mit dem Konflikt zwischen Pflicht und Neigung. Allerdings werden sie in den ersten Stadien der moralischen Entwicklung im Allgemeinen lediglich aus dieser Perspektive gesehen.

Anknüpfung an Kerngedanken Piagets

Für Kohlberg waren weniger die letztendlich getroffenen normativen Entscheidungen bemerkenswert als vielmehr die diesen Entscheidungen zugrunde liegenden Prinzipien. Anhand vieler Interviews kam er zu der Erkenntnis, dass es wiederkehrende Strukturen moralischen Urteilens und eine allgemeine Abfolge in der Entwicklung der Struktur moralischen Urteilens gibt. Kohlberg hat die Kerngedanken Piagets zur Entwicklung von Mustern der Organisation von Denk- und Erkenntnisprozessen auf den Bereich der Moral übertragen (vgl. Oser/Althoff 2001). Kognitive Strukturen finden sich in typischen Denk- und Argumentationsmustern als allgemeine Merkmale des Denkens. Sie sind die allen Menschen gemeinsamen Muster, aus denen Entscheidungen hervorgehen. Die den Entscheidungen zugrunde liegenden Meinungen sind Inhalte. Da moralisches Denken ebenfalls Denken ist, hängt nach Ansicht Kohlbergs ein fortgeschrittenes moralisches Denken von einem fortgeschrittenen logischen Denken ab (vgl. Kohlberg 2001). Er versuchte, die spezifischen operatorischen Strukturen, die bei der Lösung soziomoralischer Konflikte angewendet werden können, zu belegen. Darüber hinaus ermöglicht sein entwicklungspsychologisches System Aussagen zu machen »über die kognitiven Muster, d.h. die Organisation und die Komplexität der Problemlösungsprozesse und über die Bedingungen von Aufbau, Verwendung und Transformation solcher Urteilsmuster. Außerdem umfasst es eine Theorie über die sukzessive Abfolge moralisch-kognitiver Strukturen: die Stufentheorie des moralischen Urteilens« (Oser/Althoff 2001, S. 43f.).

Gerechtigkeitsaspekte der Moral

Dem moralischen Urteil liegt die moralische Bedeutung von Handlungen zugrunde, die durch Regeln, Gesetze und Aussagen über die Gerechtigkeit geäußert wird. Aufgrund von systematischen Umgestaltungen in der Struktur operativen Denkens über Gerechtigkeitsfragen drücken sich die entscheidenden Veränderungen in der Moralentwicklung aus.

Der Fokus von Kohlbergs Theorie richtet sich auf die Gerechtigkeitsaspekte der Moral. Nach Oser/Althoff liegt für Kohlberg »das Hauptproblem moralischer Entscheidungen in der Bestimmung, welche Ansprüche der an einer Konfliktsituation Beteiligten als legitim zu betrachten sind und wie die unterschiedlichen Ansprüche, Bedürfnisse und Werte in eine Prioritätenrangfolge zu bringen sind, die von anderen Menschen, die ebenfalls rational und unvoreingenommen (also von einem »moralischen Standpunkt« aus) urteilen, als Entscheidungsgrundlage akzeptiert werden könnten« (2001, S. 47). Kohlberg beurteilt den Gerechtigkeitssinn eines Menschen als das am ausgeprägtesten und fundamentalsten

Moralische. Daher geht es vorrangig um die Lösung von Gerechtigkeitsproblemen.

Bezogen auf ein Modell der Entwicklung beschreibt der Begriff »Stufe« qualitativ unterschiedliche Etappen in der Entwicklung des Denkens. Eine Stufe kann daher nicht einfach mit einer Lebensphase gleichgesetzt werden, denn das Erreichen jeder neuen Stufe entspringt einer sachlich begründeten Reihenfolge: Im Rahmen der Entwicklungslogik ergibt sich jeder neue Veränderungsschritt aus dem vorhergehenden.

moralische Urteilsentwicklung als qualitative Veränderungsreihe

Nach Kohlberg erfolgt die moralische Urteilsentwicklung in Form einer qualitativen Veränderungsreihe. Folgende Kennzeichen liegen ihr zugrunde:

- »Jede Stufe repräsentiert einen qualitativ höheren Grad an Differenzierung und Integration des Denkens;
- mit jeder neuen Stufe werden die zum moralischen Verstehen und Entscheiden eingesetzten kognitiven Operationen reversibler und äquilibrierter;
- jede neue Stufe verfügt über eine umfassendere Perspektive der umgebenden Umwelt bzw. Gesellschaft, welche in moralischen Beurteilungen in dem Sinne zugrunde gelegt wird, dass sich aus dem als wichtig erkannten sozialen Referenzbereich moralische Verpflichtungen ergeben« (a.a.O., S. 53).

»Fair ist das, was ich will.«

Stufe 0

Kinder auf dieser Entwicklungsstufe entwickeln zum ersten Mal ein gedankliches System moralischer Beurteilungen und stützen ihre Urteile ausschließlich auf die eigene soziale Sichtweise. Sie denken egozentrisch und können noch nicht systematisch auseinanderhalten, dass verschiedene Menschen Gleiches aus unterschiedlichen Blickwinkeln beurteilen. Auf der Stufe 0 können Kinder auf die Gefühle und Bedürfnisse anderer eingehen, wenn sie diese aus eigener Erfahrung nachvollziehen können. Stehen aber die eigenen Wünsche mit denen anderer Personen in Konflikt, sind Kinder dieser Entwicklungsstufe nicht in der Lage, die beiden Betrachtungsweisen gleichzeitig vor Augen zu haben und zu vergleichen bzw. zu koordinieren. Ihre Moral folgt dann dem Motto: »Fair ist das, was ich will.« Die Stufe 0 bereitet das eigentliche moralische Denken vor; dieses startet ungefähr im Vorschulalter (ca. 4–6 Jahren) mit der Stufe 1.

Das vormoralische bzw. das präkonventionelle Stadium

Orientierung an Bestrafung und Gehorsam

Dieses zeichnet sich dadurch aus, dass »moralische« Entscheidungen entweder durch drohende Strafen und mächtige Autoritäten oder mit eigenen Interessen begründet werden. Die Berücksichtigung der Interessen anderer findet nur im direkten gegenseitigen Austausch und nach Maßgabe eigener Interessen statt. Moralische Wertung beruht auf äußeren, quasi-physischen Geschehnissen, schlechten Handlungen, oder auf quasi-physischen Bedürfnissen anstatt auf Personen und Normen.

Bedürfnisse des »Ich«

Kinder auf dieser Entwicklungsstufe können noch nicht in Begriffen von Gemeinschaften und übergreifenden Interessen denken. Außerdem verstehen sie nicht, dass es in Verhandlungen auch um gemeinsame Bedürfnisse geht. Das präkonventionelle Stadium ist die moralische Denkebene der meisten Kinder bis zum neunten Lebensjahr, einiger Jugendlicher sowie vieler jugendlicher und erwachsener Straftäter (Oerter/Montada 1995).

Stufe 1: Orientierung an Bestrafung und Gehorsam.

Egozentrischer Respekt vor überlegener Macht oder Prestigestellung bzw. Vermeidung von Schwierigkeiten. Erwachsene haben aus dem Grund das Recht, die Regeln zu bestimmen, da sie groß sind, die Dinge überblicken und weil sie die Macht haben. Regeln werden eingehalten, weil bzw. wenn deren Übertretung mit Strafe bedroht ist.

Die Interessen anderer werden nicht berücksichtigt bzw. es wird nicht erkannt, dass diese von den eigenen verschieden sind oder zwei unterschiedliche Betrachtungsweisen werden nicht miteinander in Beziehung gesetzt. Verhaltensweisen werden ausschließlich nach ihrem äußeren Erscheinungsbild beurteilt, aber nicht nach den zugrunde liegenden Intentionen.

Stufe 2: Naiv egoistische Orientierung.

Es wird verstanden, dass hinter Regeln das Moment der gegenseitigen Fairness steht und Moral etwas mit Gegenseitigkeit, mit Wechselbeziehungen zu tun hat. Die Gegenseitigkeit wird zum Kriterium des moralisch Richtigen. Richtiges Handeln ist jenes, das die Bedürfnisse des Ich und gelegentlich die der anderen instrumentell befriedigt. Es existiert ein Bewusstsein für die Relativität des Wertes der Bedürfnisse und der Perspektive aller Beteiligten.

Naiver Egalitarismus und Orientierung an Austausch und Reziprozität. Zweckdenken: was kommt für mich dabei raus?

Das konventionelle Stadium

Orientierung am sozialen Umfeld

In diesem Stadium dominiert das Bestreben, wichtige Sozialbeziehungen zu bewahren. Die moralische Wertung beruht auf der Übernahme guter und richtiger Rollen, der Einhaltung der konventionellen Ordnung und den Erwartungen anderer. »Die für Stufe 3 charakteristische Perspektive eines Gruppenmitglieds ist die der durchschnittlich guten Person, die richtet sich nicht auf die Gesellschaft oder eine Institution als Ganzes. Man sieht die Dinge aus dem Blickwinkel gemeinsamer Beziehungen (der Fürsorge, des Vertrauens, der Achtung usw.) zwischen zwei oder mehr Individuen, nicht vom Standpunkt institutioneller Ganzheiten. Insgesamt ist die Sozialperspektive von Stufe 3 also die eines Teilnehmers an gemeinsamen Beziehungen oder Gruppen, während die Perspektive des Mitglieds der Gesellschaft von Stufe 4 das System vor Augen hat« (Kohlberg 2001, S. 45). Die meisten Jugendlichen und Erwachsenen in unserer und in anderen Gesellschaften sind dem konventionellen Stadium zuzurechnen.

Übernahme von Rollen

Stufe 3: Orientierung am Ideal des »Guten Jungen«.

Die Erwartungen und Meinungen der anderen, vor allem nahe stehender Menschen, werden zum Maßstab des moralisch Richtigen. Andere zu enttäuschen ist daher ebenso ein moralisches Versagen. Kinder bzw. Jugendliche sind bemüht, Beifall zu erhalten, anderen zu gefallen und ihnen zu helfen. Es wird anerkannt, dass richtiges und gutes Verhalten bedeutet, auch das Wohlergehen anderer Menschen im Auge zu haben. Die Orientierung erfolgt an den Standpunkten von Bezugsgruppen und den Bedürfnissen ihrer Mitglieder. Es kommt zu einer Konformität mit stereotypischen Vorstellungen vom natürlichen oder Mehrheitsverhalten. Gemeinsame Gefühle, Übereinkünfte und Erwartungen erhalten den Vorrang vor individuellen Interessen.

Die Belange fremder Gruppen finden als moralische Bezugsgröße keine Berücksichtigung. Daher können Konflikte zwischen den Gruppen so nicht gelöst werden.

Stufe 4: Orientierung an Aufrechterhaltung von Autorität und sozialer Ordnung.

Es besteht das Gefühl der Verpflichtung für irgendeine Art von größerem System. Der Mensch ist bestrebt, »seine Pflicht zu tun«, Respekt vor der Autorität zu zeigen und die soziale Ordnung um ihrer selbst

gesellschaftliche Sichtweise

willen einzuhalten. Es wird Rücksicht genommen auf die Erwartungen anderer. Entscheidendes Merkmal dieser Entwicklungsstufe ist die gesellschaftliche Sichtweise. Das Denken des Individuums löst sich aus seiner engen Bindung in zwischenmenschlichen Beziehungen und das moralisch Wertvolle wird aus der Perspektive der Aufrechterhaltung des gesellschaftlichen Ganzen definiert. Im Konfliktfall sind individuelle Interessen gesellschaftlichen Interessen nachgeordnet, »um das Funktionieren der Institution zu gewährleisten, um einen Zusammenbruch des Systems zu vermeiden, »wenn jeder es täte«, oder um dem Gewissen Genüge zu tun, das an die selbst übernommenen Verpflichtungen mahnt« (Kohlberg 2001, S. 39).

Das postkonventionelle Stadium

Es wird erkannt, dass das bestehende System nicht unveränderlich oder unzweifelhaft richtig ist. Die egozentrische Sichtweise wird überwunden und es ist das Bestreben erkennbar, Werte und Prinzipien unabhängig von der Autorität einzelner Personen und Gruppen zu definieren und sich mit diesen zu identifizieren. Die moralische Wertung beruht auf der Konformität des Ich mit gemeinsamen (oder potenziell gemeinsamen) Normen, Rechten oder Pflichten. Die Bindung des Individuums an eine fundamentale Moralität oder grundlegende moralische Prinzipien gilt gegenüber der Übernahme der Perspektiven der Gesellschaft oder der Verpflichtung auf die gesellschaftlichen Gesetze und Werte als vorrangig, als deren notwendige Voraussetzung.

Rückgriff auf universelle Leitlinien

Der postkonventionellen Moral liegen keine konkreten Werte mehr zugrunde. Auf dieser Entwicklungsstufe erfolgt die Einsicht, dass unterschiedliche Werte auf unterschiedlichem sozialen und kulturellen Hintergrund gleichermaßen Berechtigung haben können. Entscheidungen über das moralisch Richtige werden aus diesem Grund fast nur noch mit Rückgriff auf *Prinzipien* getroffen. Solche Prinzipien sind universelle Leitlinien für moralische Entscheidungen und geben formale – nicht mehr materiale – Kriterien für die moralische Entscheidungsfindung. Gefolgt wird dem Grundsatz der Achtung vor dem Menschen.

Grundsatz: Achtung vor dem Menschen

Oser/Althoff (2001) bezeichnen das postkonventionelle Stadium nach der empirischen Forschung als eine »Entwicklungsformation des Erwachsenenalters«, wobei selbst unter Erwachsenen nur von einer Minderheit dieses Denken, in der Regel nach dem 20. Lebensjahr, erreicht wird.

Stufe 5: Legalistische Vertragsorientierung.

Bewusstsein darüber, dass unter den Menschen eine Vielzahl von Werten und Meinungen vertreten wird und die meisten Werte bzw. Normen gruppenspezifisch sind. Das moralische Denken ist prinzipiengeleitet, die Interessen von Individuen und der Gemeinschaft werden zusammengeführt. Die Zweckbestimmung des Menschen besteht nicht im Dienste an der Gesellschaft, sondern soziale Systeme haben den Zweck, ihren Mitgliedern Nutzen zu bringen. Pflicht wird vor diesem Hintergrund verstanden als Teil des Gesellschaftsvertrags. Eine willkürliche Komponente oder Basis von Regeln und Erwartungen wird als Ausgangspunkt der zwischenmenschlichen Übereinstimmung anerkannt. Diese Regeln können somit aber, eben aufgrund ihrer Willkürlichkeit, auch wieder verändert werden. Im Allgemeinen wird die Vermeidung der Verletzung von Absichten oder Rechten anderer sowie von Wille und Wohl der Mehrheit angestrebt. Das Prinzip der »Gerechtigkeit« bei der Entscheidungsfindung in Problemsituationen gewinnt an Bedeutung.

Stufe 6: Orientierung an Gewissen oder Prinzipien.

Orientiert wird sich nicht nur an zugewiesenen sozialen Rollen, sondern auch an Prinzipien der Entscheidung, die an logische Universalität und Konsistenz appellieren. Es wird nach allgemeingültigen ethischen Prinzipien (universalen Prinzipien der Gerechtigkeit: alle Menschen haben gleiche Rechte, die Würde des Menschen ist unantastbar) gesucht, denen das Individuum folgt. Verstößt ein Gesetz aus den allgemeinen Rechtsgrundlagen des Staates gegen diese eigenen Prinzipien, wird in Übereinstimmung mit den Prinzipien gehandelt. Es dominiert die Orientierung am Gewissen als leitende und treibende Kraft sowie an gegenseitigem Respekt und Vertrauen (vgl. Kohlberg 1974, S. 60; Kohlberg 2001, S. 38f.; Oerter/Montada 1995, S. 875ff.; Oser/Althoff 2001, S. 51ff.).

Entwicklungslinien

Die von Kohlberg in diesen sechs Stufen beschriebene Entwicklung, ist eine von der Außen- zur Innen-Lenkung, von konkret zu abstrakt, von Straforientierung über Verinnerlichung zu moralischer Autonomie, von Egozentrismus über Konventionsabhängigkeit zu einer umgreifenden sozialen Perspektive. Die drei verschiedenen Stadien können als unterschiedliche Beziehungstypen zwischen dem Selbst und den gesellschaftlichen Regeln sowie Erwartungen verstanden werden. So bleiben dem

Beziehungstypen zwischen Selbst und gesellschaftlichen Erwartungen

Selbst im vormoralischen Stadium die sozialen Normen und Erwartungen »äußerlich«. Im konventionellen Stadium identifiziert sich die Person mit den Regeln und Erwartungen anderer, speziell mit denen der Autoritäten bzw. internalisiert diese.

Das postkonventionelle Stadium zeichnet sich dadurch aus, dass die Person ihr Selbst von den Regeln und Erwartungen anderer unabhängig gemacht hat und ihre Werte im Rahmen selbst gewählter Prinzipien definiert. »Zuerst erreichen die Individuen ein logisches Stadium, etwa das der partiellen formalen Operationen, das es ihnen erlaubt, ›Systeme‹ in der Welt zu erkennen, eine Reihe miteinander verknüpfter Variablen als System zu identifizieren. Danach erreichen sie ein Niveau der sozialen Wahrnehmung bzw. der Rollenübernahme, auf dem sie erkennen, wie andere Menschen einander unter Rekurs auf den Ort jedes Einzelnen innerhalb des Systems verstehen. Schließlich erreichen sie auf Stufe 4 des moralischen Urteils, auf der das Wohl und die Ordnung der Gesamtgesellschaft zum Bezugspunkt des Urteils über ›fair‹ und ›richtig‹ werden. Wir haben festgestellt, dass Personen, die in unseren Programmen zur moralischen Erziehung Fortschritte machen, bereits über die logischen und oft auch die sozial-kognitiven Fähigkeiten für die höhere Moralstufe verfügen, auf die sie sich zu bewegen« (vgl. Walker 1980).

In dieser horizontalen Sequenz gibt es einen abschließenden Schritt: moralisches Verhalten. Um moralisch anspruchsvoll handeln zu können, bedarf es moralischer Urteile eines fortgeschrittenen Niveaus. Man kann nicht prinzipienorientiert handeln (Stufen 5 und 6), wenn man Prinzipien nicht versteht oder nicht an sie glaubt. Man kann allerdings in der Begrifflichkeit derartiger Prinzipien denken oder argumentieren, ohne nach ihnen zu leben. Ob eine bestimmte Person in einer bestimmten Situation den ihr jeweils – mit ihrer moralischen Urteilsstufe – zugänglichen moralischen Einsichten nachkommt, hängt von einer Vielzahl von Faktoren ab; immerhin jedoch hat sich die Moralstufe in verschiedenen experimentellen und natürlichen Kontexten als Variable erwiesen, die Handeln gut vorherzusagen erlaubt (vgl. Kohlberg 1974)« (Kohlberg 2001, S. 37).

Kritische Auseinandersetzungen mit der Theorie Kohlbergs

Trennungen von Struktur und Inhalt

Die große Bedeutung einer Theorie zeigt sich meist auch an der Fülle von Kritiken, die sich mit dieser auseinandersetzen. Im Folgenden sollen daher nur exemplarisch einige wichtige kritische Punkte des Modells benannt werden. Döbert (1986), Eckensberger (1986) und auch Kärn (1978) weisen beispielsweise auf theoretische Unklarheiten in Kohlbergs Theorie hin. Sie sehen Probleme aufgrund der strengen Trennung von

Struktur und Inhalt des moralischen Urteils. Kohlberg nimmt für sich in Anspruch, die Stufen moralischer Urteilsfähigkeit strukturell definiert zu haben. Zwar sind in einem moralischen Urteil die Inhaltselemente einer Entscheidung für die Entscheidung selbst unabdingbar, für das Niveau moralischer Urteilsfähigkeit sind sie hingegen nicht charakteristisch. Analog ist für Kohlberg die Entscheidungsrichtung in einem Dilemma als inhaltliche Dimension kein Stufencharakteristikum. Heidbrink (1991) hingegen verdeutlicht in einem Beispiel, dass konkrete Entscheidungen situationsgebunden sind. »Unterschiedliche Inhaltselemente können bei identischer Struktur zu unterschiedlichen Urteilen führen. Keineswegs bedeutet dies jedoch, dass die Struktur formal im Sinne von ›inhaltsfrei‹ darstellbar sein muss« (a.a.O., S. 36).

Verhältnis von Affekt und Kognition

Für Lind (2000) stellt sich Kohlbergs Ansatz als stark revisionsbedürftig dar, und zwar hinsichtlich des Verhältnisses von Affekt und Kognition, der Definition von »Struktur« und der Annahme einer invarianten Sequenz der Entwicklung moralischer Urteilsfähigkeit. So kritisiert er unter anderem, dass moralische Affekte und Kognitionen als Aspekte ein und desselben Verhaltens angesehen werden. Nach Ansicht Linds sind Unterstufen hingegen nur schwer vorstellbar, wenn Stufen eine strukturelle Ganzheit bilden sollen. Auch er sieht in Kohlbergs Interviewmethode Struktur nicht relational, sondern formal definiert, gleichwohl dieser sie in seinen Arbeiten als relational, »nämlich als das manifeste Muster des individuellen Urteilsverhaltens« (a.a.O., S. 29) charakterisiert. Und schließlich ist die Moralentwicklung nach Forschungsergebnissen von Lind nicht durch eine invariante Abfolge von Stufen gekennzeichnet, sondern »moralische Urteilsfähigkeit entwickelt sich zurück, wenn sie nicht durch diskursive Prozesse und moralische Interventionen stabilisiert und gefördert wird« (a.a.O.).

Aussagekraft eines hypothetischen Dilemmas

Weinreich-Haste (1986) wiederum unterstreicht zwar, dass ein hypothetisches moralisches Dilemma ein sehr nützliches Instrument zur Erfassung kognitiver Strukturen ist sowie ein valides und verlässliches Maß für die Entwicklung des moralischen Urteilens. Allerdings weist sie zugleich darauf hin, dass hypothetische Konflikte nur beschränkt etwas über die realen, alltäglichen moralischen Erfahrungen aussagen können. So sind insbesondere reale moralische Krisen und Konflikte höchst affektbesetzt. »Das hypothetische Dilemma mag zwar eine optimale Artikulation unserer kognitiven moralischen Kompetenz stimulieren, doch es macht uns nicht wirklich betroffen. Dilemmata des wirklichen Lebens betreffen und engagieren uns aber, und dieses Engagement, selbst wenn es durch differenzierte Kognitionen unterstützt wird, wird affektiv erlebt« (a.a.O., S. 378).

2.3.2 *Der entwicklungstheoretische Ansatz von Gilligan*

geschlechtsspezifische Definition von Moral

Gilligan war als Mitarbeiterin Kohlbergs mit dessen Arbeiten gut vertraut. Mit ihren Arbeiten hat sie zu einer intensiv geführten Diskussion um die Einseitigkeit des gerechtigkeits- und fairnessorientierten Standpunktes beigetragen. Im Wesentlichen kritisierte Gilligan, dass sich Kohlberg ihrer Meinung nach in seiner Definition der Moral und in den Dilemmata, die er zur Messung des moralischen Urteilens verwendet, zu ausschließlich auf Gerechtigkeit und Rechtsansprüche konzentrierte, und damit andere Formen des Umgangs mit moralischen Konflikten nicht angemessen berücksichtigte. Daher wollte sie eine moralische Orientierung darstellen, die bisher als solche nicht erkannt oder berücksichtigt wurde.

Frauen neigen nach Ansicht Gilligans eher dazu, ihr Augenmerk auf Fürsorge und Verantwortung anderen gegenüber zu richten als auf die Balance jeweiliger Rechtsansprüche oder Verträge. Aus diesem Grund ist für sie »Verantwortlichkeit« nicht eine intervenierende Variable zwischen pflichtgemäßer ethischer Entscheidung und Handeln, sondern ein alternativer Weg der moralischen Entscheidungsfindung. Verantwortlichkeit in Gilligans Verständnis impliziert eine bestimmte Orientierung moralischen Problemen gegenüber. Eine Art Wahrnehmung, eine »andere Stimme« in moralischen Fragen. Sie spricht daher von einer »Konzeption der Moral, bei der es um care (Fürsorge/Pflege/Zuwendung) … geht« und die » … das Gefühl für Verantwortung und Beziehungen in den Mittelpunkt …« stellt (Gilligan 1991, S. 30). Obwohl ihre Überlegungen im Wesentlichen aus Untersuchungen mit Frauen abgeleitet werden, will sie nicht eine genuin weibliche Denkweise darstellen bzw. behaupten: »Die andere Stimme, die ich zum Ausdruck bringe, ist nicht an ein Geschlecht gebunden, sondern durch ihre Thematik bestimmt. Dass sie den Frauen gehört, ist ein empirischer Sachverhalt. … Sie ist aber keineswegs ausschließlich an Frauen gebunden« (a.a.O., S. 10).

Moral der Gerechtigkeit versus Moral der Verantwortung

Die Moral der Gerechtigkeit und die Moral der Verantwortung werden von Gilligan auf die Begriffe der Trennung, der Autonomie und der Bindung bezogen. Nimmt ein Individuum moralische Situationen aus der Gerechtigkeitsperspektive wahr, urteilt es getrennt von den eigenen Beziehungen und Erfahrungen. Das Urteil wird aus einer autonomen Position heraus, unabhängig von allen zwischenmenschlichen Verflechtungen und Beziehungen, auf der Basis der Logik von Gleichberechtigung und Gegenseitigkeit rational gefällt. Aus der Perspektive der »anderen« Stimme hingegen sehen sich die Individuen selbst als Teil eines Beziehungsgeflechts oder Beziehungsnetzwerks. Dies hat zur Konsequenz, dass sie einen Urteilsmodus einnehmen, der ausdrücklich situationsbezogen, kontextintensiv ist und bei dem sich das Individuum von eigenen

Erfahrungen trennt, um Beziehungen aufrechtzuerhalten. Obwohl also beiden Denkweisen die Trennung von Erfahrungen zugrunde liegt, ist diese grundsätzlich anders motiviert.

Als Voraussetzung moralischen Handelns sieht Gilligan die Anteilnahme am anderen sowie die Fähigkeit, zu verstehen, was ein anderer erlebt (Empathie). Der Wunsch, Moral könne einen Weg zeigen, Konflikte zu lösen und niemanden dabei zu verletzen, beschreibt den Aspekt der Gewaltlosigkeit und des Nicht-verletzten-Wollens. Gründet sich die Ethik der Gerechtigkeit auf eine deduktive Logik gegenseitiger Rechte und Pflichten, ist das Fundament der Verantwortungsethik eine psychologische »Logik der Beziehungen«. Verantwortung meint nach diesem Verständnis zu »antworten« und zu »reagieren« – insbesondere auf Bedürfnisse und Anliegen von den Menschen, mit denen das Individuum in Beziehung steht (vgl. Herzig 1998). Verantwortlich ist das moralisch handelnde Selbst, das gegenüber den Bedürfnissen anderer aufmerksam ist und auf wahrgenommene Bedürfnisse, Nöte oder Wünsche »antwortet«, reagiert. »In this construction, responsibility means acting responsively in relationships, and the self – as a moral agent – takes the initiative to gain awareness and respond to the perception of needs« (Gilligan 1988, S. 7).

Empathie

Stadien moralischer Entwicklung

Gemäß Gilligan folgt die moralische Entwicklung »dem dreiphasigen Verlauf jeder sozialen Entwicklungstheorie – von einer egozentrischen über eine gesellschaftsbezogene zu einer universalen Perspektive – sie verläuft jedoch innerhalb eines charakteristischen Moralkonzepts« (1983, S. 134).

Drei-Phasen-Modell

1. Stadium: Orientierung auf das individuelle Überleben
Maßgebend ist die Sorge um die eigene Person. Die durch strafende Autoritäten vermittelten physischen Konsequenzen und der Primat des individuellen Überlebens sind die Wegweiser für die jeweilige Entscheidungsfindung. Die Beziehung des Individuums zur Gesellschaft ist eher durch Abhängigkeit als durch aktive Mitgliedschaft gekennzeichnet.

Sorge um die eigene Person

Übergangsphase: Vom Egoismus zur Verantwortlichkeit
Die Haltung des ersten Stadiums wird als eine egoistische erkannt. Zugehörigkeit zu und Verbindung mit anderen werden nun handlungsleitend: ein »Schritt zur gesellschaftlichen Partizipation« (Gilli-

gan 1991, S. 100). Entscheidungen werden zu moralischen Entscheidungen, die sich dadurch auszeichnen, dass das Individuum sich um Integration der Verantwortung für andere und des Wunsches, etwas für sich selbst zu tun, bemüht.

Streben nach Anerkennung

2. Stadium: Gutsein als Verzicht
Moral beruht auf gemeinsamen Normen und Erwartungen. Durch die Übernahme sozialer Werte wird der Anspruch auf soziale Zugehörigkeit bestätigt. Da dass Individuum sein Überleben von der Akzeptanz durch andere abhängig sieht, erfüllt es traditionelle stereotype Verhaltensweisen vom weiblichen Gutsein und fühlt sich der Fürsorge für andere verpflichtet. Der Verzicht auf die Befriedigung eigener Bedürfnisse begleitet die Unterdrückung eigener Wünsche.

Übergangsphase: Vom Gutsein zur Wahrheit
Die mit der Fürsorge für andere verbundene mögliche Selbstaufopferung oder auch Selbstaufgabe führt zu Unzufriedenheit. Diese leitet eine Neubewertung von Beziehungen ein und die eigenen Bedürfnisse werden mit mehr Ehrlichkeit sich selbst gegenüber wahrgenommen und berücksichtigt. Durch die Verlagerung des Urteilskriteriums vom Gutsein zur Ehrlichkeit sich selbst gegenüber wird die Diskrepanz zwischen der Verpflichtung zur Rücksichtnahme auf andere einerseits und einer möglichen Verletzung anderer durch Nichterfüllung dieser Verpflichtung andererseits in Einklang gebracht. Als Konsequenz verlagert sich die Entscheidungsinstanz von außen nach innen. Die Moralität einer Handlung wird nicht mehr unter dem Aspekt beurteilt, was andere dazu sagen werden, sondern nach ihren wahren Absichten und Konsequenzen.

Vermittlung zwischen Verantwortung und Egoismus

3. Stadium: Die Moral der Gewaltlosigkeit
Anteilnahme und Fürsorge werden zu einem alle moralischen Handlungen und Urteile umfassenden Prinzip. Dies führt dazu, dass das Spannungsverhältnis zwischen Verantwortung und Egoismus abgebaut und das zentrale moralische Dilemma durch die Gleichberechtigung vom Selbst und den anderen aufgelöst wird.

Nach Gilligan entwickelt sich das moralische Denken und Urteilen über die drei genannten Stadien von einer hierarchischen Sichtweise von Beziehungen bis hin zu einer Perspektive der Gleichberechtigung zwischen dem Selbst und den übrigen Individuen in einem Beziehungsnetzwerk. Die Ideale menschlichen Zusammenlebens sieht sie in einer Ethik der

Fürsorge und Verantwortung. Drei Faktoren bestimmen die Entwicklung einer solchen anteilnehmenden Orientierung maßgeblich:

- ein tieferes Verständnis der Psychologie menschlicher Beziehungen,
- die zunehmende Differenzierung des Selbst und der Selbstwahrnehmung sowie der Wahrnehmung der anderen und
- das wachsende Verständnis für die Dynamik sozialer Interaktionen (vgl. 1991, S. 95; vgl. Herzig 1998).

Der Begriff der Moral wird von Gilligan in einem weit gefassten Sinne verwendet: nicht nur der Aspekt des moralischen *Sollens*, sondern auch die Aspekte des *Wollens* und *Könnens*, die sich z.B. in der Verantwortung und der Fürsorge für das Selbst ausdrücken, werden in dieses Verständnis einbezogen.

Sollen, Wollen, Können

Kritik an dem Modell Gilligans

Nach Ansicht von Weinreich-Haste (1986) liegt die Bedeutung von Gilligans Modell darin, dass sie in einen kognitiven Prozess übersetzt hat, was üblicherweise als affektive Reaktion betrachtet wird: »Fürsorge, Liebe und der Wunsch nach Harmonie werden traditionell dem analytischen Modus des Urteilens über Rechtsansprüche und Gerechtigkeit entgegen gesetzt und als affektive Dimension definiert. Gilligan jedoch behauptet affektive Fürsorge und Anteilnahme nicht als Alternative zu rational-kognitiver Gerechtigkeit; ihr Argument geht vielmehr dahin, dass zu den Fragestellungen, die im kognitiven Bereich behandelt werden, auch eine Ethik gehört, in der Fürsorge und Verantwortung anderen gegenüber triftige Gründe, nicht bloß Motive darstellen« (a.a.O., S. 378). Gilligans Modell ist nach Weinreich-Haste letztlich ebenso kognitivistisch wie Kohlbergs. Zwar wird dem affektiven Erleben als eine wichtige Quelle von Informationen über das moralisch Richtige eine große Bedeutung beigemessen, ihre Analyse konzentriert sich jedoch auf den kognitiven Prozess.

Konzentration auf kognitive Prozesse

Nunner-Winkler (1991) beispielsweise kritisiert die Fokussierung auf geschlechtsspezifische Variablen der Entwicklung moralischer Orientierungen und die Vernachlässigung weiterer sozialer, kultureller, ökonomischer oder historischer Aspekte. Darüber hinaus zieht sie die Trennung einer gerechtigkeits- und einer fürsorgeorientierten Moral in Zweifel. Die – diesen Orientierungen unterstellten – Dipole der Rigidität und Flexibilität bzw. der Gerechtigkeit und Fürsorge ordnet Nunner-Winkler nicht zwei unterschiedlichen Moralkonzeptionen zu, sondern versteht sie als Ausdruck so genannter negativer Pflichten und möglicher Ausnahmen

Fokussierung auf geschlechtsspezifische Wahrnehmung

davon bzw. als Grad der Verbindlichkeit positiver Pflichten. Von Nails (1983) wiederum wird auf die anekdotische, ungenaue Darstellungs- und Auswertungsverfahren hingewiesen und Auerbach (1985) hält die aus der Abtreibungsuntersuchung gewonnenen Entwicklungsphasen für problematisch, weil sie allein aus Einstellungen zu einem frauenspezifischen Dilemma besonderer Art abgeleitet und verallgemeinert wurden. Haug (1985 a, b) schließt sich diesem Argument insofern mit dem Vorwurf an, dass von Gilligan gesellschaftliche Problemlagen auf individuelle moralische Konflikte reduziert werden.

2.4 Die Bedeutung der Erziehung für das Wertebewusstsein des Individuums

Persönlichkeit als Erziehungsstil

Die Persönlichkeit als Ziel der Erziehung zeichnet sich dadurch aus, dass sie die eigene Werteinstellung kritisch zu hinterfragen in der Lage ist. Ein Mensch mit einer gereiften Persönlichkeit kennt die grundsätzlichen Direktiven seines Verhaltens, ist bereit diese zu überprüfen und weiß sie zu vertreten, zeigt jedoch auch für den Aufforderungscharakter anderer Werte Verständnis. Er bleibt offen (ist tolerant) und unterwirft die eigenen normativen Direktiven seines Handelns nicht einem ständigen Wandel nach Zufall und Opportunität. Werte können nicht, wenn sie wirklich zur Erfüllung unseres Daseins beitragen sollen, verordnet oder vorgeschrieben bzw. verschrieben werden. Grundvoraussetzung für eine erfolgreiche Lebensführung ist, dass die das eigene Leben begleitenden und stabilisierenden Werte vom Subjekt selbst gefunden und selbst bejaht werden.

Im Allgemeinen ist es für einen Menschen nicht zufriedenstellend, überhaupt bzw. irgendwie zu entscheiden. Er möchte vor allem in dem Gefühl leben, *richtig* zu entscheiden. D.h., es geht nicht um das Verhalten allein, sondern der Mensch möchte zugleich das Bewusstsein eines gerechtfertigten Handelns haben. Dies ergibt sich am intensivsten dann, wenn es gelingt, mit einer subjektiven Tätigkeit ein objektives Prinzip zu verbinden: Verzichtet das Individuum beispielsweise auf die Fahrt mit dem Auto und fährt stattdessen mit dem Fahrrad zu seinem Arbeitsplatz, unterstützt es hierdurch den Schutz der Umwelt. Offensichtlich existiert ein tiefes Bedürfnis, das darauf gerichtet ist, unsere mehr oder weniger zufälligen Handlungen in den Stand objektiver, aller Willkür entzogener Prinzipien zu überführen. Moralische Fragen sind relevante Fragen, die die urteilende Person in ein Verhältnis zu anderen Menschen setzen. Deshalb berühren sie die ganze Person und sind nicht abspaltbar von der eigenen Identität. »Mathematik nicht gut zu können, sagt über den Menschen wenig aus. Werteentscheidungen aber sind bedeutsam für das Zu-

Erziehung zur Handlungsfähigkeit

sammenleben mit anderen Menschen und deshalb auch für die Selbst- und Fremdidentifikation« (Reinhardt 1999, S. 101).

Nach Henz (1980, in Anlehnung an Heinrich Roth) stellt sich das Ich des mündigen Individuums dar als Identitätsbewusstsein und als Führungs- und Kontrollinstanz für Denken, Fühlen und Handeln.

»Erziehung begleitet hier die Fortschrittsstufen

- im Orientierungs- und Handlungssystem,
- im Antriebs- und Motivationssystem,
- im Gefühls- und Wertungssystem,
- im Steuerungssystem und
- im Lernsystem

mit dem Ziel integriert menschlicher Handlungsfähigkeit aufgrund von

- sacheinsichtigem Verhalten und Handeln (Sachkompetenz und intellektueller Mündigkeit),
- sozialeinsichtigem Verhalten und Handeln (Sozialkompetenz und sozialer Mündigkeit) und
- werteinsichtigem Verhalten und Handeln (Selbstkompetenz und moralischer Mündigkeit)« (a.a.O., S. 120).

Taxonomie affektiver Lernziele

Darüber hinaus erweitert Henz in Anlehnung an Bloom die Taxonomie der Lernziele um den affektiven Bereich:

- »*Aufnehmen* (Aufmerksam werden, Receiving, Attending). Hier geht es um Bewusstmachen, Aufnahmebereitschaft und selektive Aufmerksamkeit.
- *Reagieren* (Responding). Hier handelt es sich um den Anfang des handelnden Lernens (»Learning by doing«) mit dem Ziel einer gewissen Befriedigung beim Reagieren.
- *Werten* (Valuing). Hier soll über die Annahme hinaus eine Präferenz und Bindung erzielt werden, so dass Verhaltensweisen konsistent und stabil werden.
- *Wertordnung* (Organisation). Hier geht es um Konzeptbildung, Generalisierung und Zusammenordnung zu einem Wertsystem (value system).
- *Bestimmtsein durch Werte* (Characterization by a value or a value complex).
- (nach H. Roth) *Evaluation bzw. Beurteilung.* Eine Stufe, in der Kriterien angewandt werden, innere und vergleichend-äußere« (a.a.O., S. 121).

Aufgabe der Erziehung

Eine wichtige Aufgabe der Erziehung besteht darin, dass das Individuum seine bloß subjektive oder persönliche durch eine übersubjektive gesellschaftliche Wertorientierung zu ersetzen lernt. Da eine humane Gesellschaft zugleich Lebensbedingung für freie und volle Persönlichkeitsentfaltung ist, ist dieser Bedarf an objektiver, gesellschaftlicher Wertorientierung sowohl funktional für die Realisierung der Persönlichkeitswerte als auch für Umwelt- und Lebenserhaltung. Schließlich können diese nur durch verantwortliches Zusammenwirken von Wirtschaft, Politik und soziokulturellen Institutionen gewährleistet werden.

Werte und Normen stellen daher die unverzichtbare Grundlage für jedes menschliche Handeln dar. In der Erziehung treten sie in zweifacher Art und Weise auf:

> »Sie gehören einmal zu den kulturellen Inhalten, die der Erzieher dem heranwachsenden Kind vermitteln muss, damit es lebenstüchtig wird; sie sind zum anderen für den Erzieher selbst notwendig als rationale Voraussetzung für seine pädagogische Tätigkeit« (Tröger 1978, S. 26).

2.5 Erziehung zur Achtung vor dem anderen

Grundprinzip der Moral

Moralisches Verhalten ist insbesondere durch »eine Haltung der Achtung vor dem Anderen um seinetwillen« (Speck 1996, S. 49) gekennzeichnet. Achtung vor dem anderen wird damit zu einem Grundprinzip der Moral, das gerade in der schulischen Werteerziehung eine besondere Beachtung erfahren sollte. Das folgende Kapitel bezieht sich in großen Teilen auf die Überlegungen von Speck, der sich in seinem Buch »Erziehung und Achtung vor dem Anderen« (1996), in ausgezeichneter Weise und im Besonderen unter pädagogischen Gesichtspunkten mit dem Begriff der Achtung auseinandersetzt.

Unter der Prämisse, dass Moral die Verantwortung *des Selbst* für den anderen ist, stellt sich die Frage, wie das Selbst zu dieser Verantwortungsübernahme kommt. Der Theorie von Piaget (1986) zufolge ist das Kind selbst der Akteur seiner Entwicklung; es konstruiert seine Wirklichkeit und da diese Konstruktion immer auch gemeinsam mit anderen vollzogen wird, ergeben sich sowohl gewisse Beziehungen und Gemeinsamkeiten als auch gravierende individuelle Differenzen. Die sich hierdurch ergebende Mannigfaltigkeit an Wirklichkeitsstrukturen hat für den Einzelnen zur Konsequenz, dass er »zunehmend persönliche Verantwortung gegenüber den Anderen und der Welt der Dinge zu übernehmen hat« (Speck 1996, S. 49). Darüber hinaus betrachtet Piaget Moral als ein System von Regeln. Inbegriff der Sittlichkeit ist für ihn aus diesem Grund die Achtung, die der Einzelne gegenüber Regeln entwickelt. Das Kind hingegen erhält (s)eine Orientierung durch Regeln aufgrund bestimmter wiederkehrender Erfahrungen.

Selbstregelung

Moralische Erziehung muss daher das Selbst in seiner Bedeutsamkeit als Handelnden wahrnehmen und insbesondere die *Selbstregelung* als Maßstab aller erzieherischen Einwirkungen zugrunde legen. Von Bedeutung ist, dass Kinder und Jugendliche zu einer angemessenen Selbstbestimmung befähigt werden, ohne dabei überfordert zu sein, sich sozial zu isolieren oder etwa zu resignieren. Die bestehende Werte- und Normen-Mannigfaltigkeit verlangt vom Selbst zunächst Toleranz, da jeder Mensch Konstrukteur seiner eigenen Wirklichkeit ist und somit die Wirklichkeitsauffassungen anderer eine ebensolche Berechtigung haben wie die des eigenen Selbst.

Grenzen von Toleranz

Wie bereits unter Kapitel 1.4 angesprochen, hat die geforderte Toleranz aber genau dort ihre Grenzen, wo eben diese Anerkennung der grundsätzlichen Rechtmäßigkeit unterschiedlicher Sichtweisen und Bewertungen der Wirklichkeit missachtet wird. Darüber hinaus muss einerseits jeder Mensch sein Werten und Handeln verständlich machen, wenn er moralische Forderungen aufstellt; andererseits ist es in einer hochindividualisierten Gesellschaft gleichermaßen erforderlich, dass der einzelne Mensch gegebenenfalls auch ohne die Zustimmung anderer entscheidet und handelt, denn es werden ihm zunehmend weniger Begründungen und Rechtfertigungen durch die Gemeinschaft abgenommen. Als letztes muss das Selbst befähigt werden, stets selbst zu prüfen und sich zu vergewissern, was es verantworten kann bzw. als gültig ansieht und was nicht. Die Masse an Medienmeinungen, Modeerscheinungen bzw. recht kurzlebigen Zeitströmungen verlangt vom Einzelnen permanent eine Überprüfung der Realität. Das moralische Selbst bedarf vor diesem Hintergrund der freiheitlich und subjektiv sich entwickelnden Selbst-Gewissheiten, durch die der einzelne Mensch über gewisse Grundsätze verfügt und dauerhafte moralische Wertungen bzw. Entscheidungen vornehmen kann.

Selbst-Gewissheiten

Das moralische Selbst und die Selbstregelung hingegen sind auf Autonomie, und zwar auf moralische Autonomie bzw. moralische Urteilsfähigkeit angewiesen. Der Begriff der Autonomie wurde von Kant in die moralphilosophische Terminologie eingeführt (1875). Nachdem der ethische Anspruch »von der allgemein-verpflichtenden und sittlich hierarchisch geordneten Gesellschaft allmählich auf das einzelne moralische Subjekt« (Speck 1996, S. 57) überging, gewann dieses nicht nur mehr Freiheit, sondern übernahm auch zunehmend Verantwortung. Kant bezeichnet daher die Autonomie als das alleinige Prinzip der Moral.

Fühlt sich der Einzelne in der heutigen offenen Gesellschaft als Selbst relativ frei und ungebunden, ist er dennoch bei der Suche nach einver-

relative Autonomie

nehmlichen Lösungen stets in gemeinsame Verbindlichkeiten eingebunden. D.h., auch die Autonomie ist zu jeder Zeit lediglich eine relative bzw. eine in gegenseitiger Abhängigkeit stehende. Die Zunahme an persönlichen Entscheidungen in einer zunehmend komplizierter und unüberschaubarer werdenden Welt wiederum lässt die Autonomie immer bedeutender werden. Aus pluralen Wert- und Normensystemen ist auszuwählen und die erforderlichen vielfältigen Entscheidungen machen es notwendig, dass der Einzelne sich nicht nur an sich selbst orientiert. Der Bezug des Selbst zu seiner Lebenswelt und seinem Sinnhorizont ist daher für eine moralische Erziehung von entscheidender Bedeutung.

Autonomie als Selbsteinbindung

Autonomie (griech.) enthält die Bestandteile »autos = Selbst und »nomos« = Gesetz und bedeutet aus ethischer Perspektive die »Selbsteinbindung in das Gesetz«. »Da Gesetztes, also moralisch Verbindliches, nur einen Sinn hat, wenn es für *alle* Mitglieder einer Gemeinschaft gilt, also nicht für einen einzelnen, der es als lediglich ›sein Gesetz‹ beanspruchen könnte, lässt sich der Sinn von Autonomie nur als *Bindungsbegriff* fassen, eben als *Selbsteinbindung* in das Gesetzte oder das Rechte, in das, was für alle um ihrer Freiheit willen als verbindlich zu gelten hat. Im Vollzug der moralischen Autonomie verpflichtet sich der gute Wille selber und bindet sich selber an Regeln und Grenzen im Sinne des gemeinsamen Wohls. Autonomie hat demnach auch mit Selbstbeherrschtheit und Selbstbegrenzung zu tun« (Speck 1996, S. 63).

Der Begriff der Achtung steht nach Speck (a.a.O.) in unmittelbarer Beziehung zu einer Moralauffassung, die mit der zentralen Bedeutung der sittlichen Autonomie bzw. der moralischen Selbstbestimmung zusammenhängt. Der Grundsatz der Autonomie, der die Verantwortung und Selbstverpflichtung der einzelnen Menschen postuliert, führt zu dem Prinzip der Achtung des anderen. »Achtung zeigt sich in einem Wahrnehmen des Anderen als Menschen mit gleicher Unverfügbarkeit und Menschenwürde und bedeutet damit ein Bilden und Umorientieren der eigenen Bedürfnisse auf den Anderen hin. Im Unterschied zu Respekt, Verehrung oder Bewunderung, die sich an bestimmte Personen auf Grund besonderer herausragender Begabungen oder Verdienste richten, gilt Achtung jedem in gleicher Wertigkeit. Das Gegenteil, die Aberkennung der menschlichen Würde, wäre Verachtung eines Anderen; sie bedeutete einen Verstoß gegen die Sittlichkeit. Von ihr zu unterscheiden wäre das Verabscheuen eines menschenunwürdigen Verhaltens« (a.a.O., S. 88).

Selbstachtung und Achtung des Nächsten

Für Kant stellt sich Achtung als ein moralisches Gefühl dar und jeder Mensch verfügt über diese Grundvoraussetzung der Moral. Bedeutsam ist dabei, dass die Achtung nicht nur dem anderen gilt, sondern auch dem Selbst und auf diese Weise wird eine Beziehung zwischen der Selbstachtung und der Achtung des Nächsten hergestellt. Für das moralische

Entscheiden der Vernunft sind sowohl die Achtung des Selbst als auch die des Nächsten von zentraler Bedeutung. Achtung als Gefühl wie als Voraussetzung von Moral werden von Kant als grundlegend angesehen.

Selbstachtung als Grundwert

Nach Rawls (1979) stellt sich Selbstachtung als der möglicherweise bedeutendste moralische Grundwert dar. Für ihn gehört der Glaube an die Richtigkeit der eigenen Vorstellung vom Guten ebenso zum Ich, wie die Überzeugung, diese im eigenen Leben verwirklichen zu wollen und hierfür auch über die dazu erforderlichen Fähigkeiten zu verfügen. Die Selbstachtung allerdings ist unmittelbar abhängig von der Achtung, die einem von anderen Menschen entgegengebracht wird. Da diese der Gleichgültigkeit oder Verachtung durch andere aber nicht standhalten kann, ist es für alle Mitglieder einer Gesellschaft gleichermaßen erstrebenswert, wenn die Pflicht zur gegenseitigen Achtung besteht. Abgesehen von der Stützung des Selbstwertgefühls wird mit der Achtung des anderen seine auf Gerechtigkeit beruhende Unverletzlichkeit anerkannt – und unter der Berücksichtigung des Wohls der gesamten Gesellschaft ist diese unentbehrlich.

Moral als Schutzvorrichtung

Ähnlich argumentiert Habermas (1991) aus der Perspektive der Diskursethik, der Moral als eine Art »Schutzvorrichtung« versteht, die der hohen Verletzbarkeit sowohl von Personen und als auch von für das Zusammenleben konstitutiven Interaktionen entgegenwirken kann. Aufgrund der Tatsache, dass kein Mensch seine Integrität alleine zu schützen in der Lage ist, wird deren Konsolidierung durch ein »institutionalisiertes Geflecht symmetrischer Anerkennungsverhältnisse« (Speck 1996, S. 83) erforderlich. Nur durch die gegenseitige Achtung kann die verletzliche Identität des Einzelnen in einer Gemeinschaft gesichert werden. Allerdings geht Habermas bei seinen Überlegungen zur Beziehung von Selbstachtung und gegenseitiger Achtung nicht von einem instrumentellen Verhältnis aus, nach welchem Selbstachtung schlicht von der Achtung durch andere Menschen abhängt, die sich wiederum so verhalten müssen, dass sie Achtung »verdienen«. *Im Gegenteil müssen Achtung für andere und gegenseitige Achtung frei von Bedingungen sein. Denn ebenso wie die Selbstachtung nicht uneingeschränkt von der Achtung durch andere Menschen abhängen darf, kann auch die Achtung für andere Menschen nicht an die Bedingungen geknüpft sein, von diesen in dem Maße geachtet zu werden, wie man es selbst wünscht.*

> Mit anderen Worten, Achtung steht uneingeschränkt jedem Menschen zu, indem es sich um autonome Personen handelt, die über die entsprechenden Fähigkeiten verfügen, sich nach allumfassenden maßgebenden Geltungsansprüchen zu richten.

Normativ ist schließlich allein die soziale Zugehörigkeit und nicht die Frage, ob ein anderer uns imponiert. D.h. für Habermas entscheidend ist die Einsicht in die unauflösbare Verflechtung des Selbst mit dem gesellschaftlichen Kontext, also der Selbstachtung und der gegenseitigen Achtung im konkreten Zusammenhang pluraler Moralen. Der Grundsatz der gegenseitigen Achtung verwirklicht sich somit letztlich in der Verhaltensregel, den anderen so zu behandeln, wie man selbst von ihm behandelt werden möchte.

Herzog (1991) sieht die gegenseitige Achtung bzw. die gegenseitige Anerkennung sogar als das höchste Moralprinzip, welches in der Lage ist, die moralischen Grundsätze des Wohlwollens und der Gerechtigkeit zu vereinen und er vertritt die Ansicht, dass insbesondere in der gegenseitigen Achtung die moralische Dimension erzieherischen Handelns liege. Vor dem Hintergrund des Rückgangs an übergreifenden Bindungen durch einheitliche Wertesysteme ist der Grundsatz der gegenseitigen Achtung für die menschliche Begegnung und den Umgang miteinander besonders wichtig geworden. Die unmittelbare Begegnung von Mensch zu Mensch ist auf gegenseitiges Wohlwollen und auf Gerechtigkeit angewiesen. Achtung als moralisches Gefühl impliziert vor diesem Hintergrund eine Haltung, »aus der heraus ein Anderer oder ein anderes in seinem Eigenwert bewusst, und auch intuitiv bejaht wird« (Speck 1996, S. 87f.).

Gerade auch durch die zunehmende »Globalisierung« erhält das Prinzip der Achtung besondere Bedeutung, wenn es um die Begegnung mit anderen geht, die uns als Fremde, Andersartige oder »Störende« gegenübertreten. Denn die Haltung der Achtung gegenüber allen Menschen erfordert neben emotionalen Fähigkeiten auch ein moralisches Bewusstsein von der Würde des anderen. Dies wiederum ist eng gebunden an Empathiefähigkeit sowie das entsprechende eingeübte Handlungsvermögen. Ist Achtung somit das Grundprinzip aller Moral, ist es zugleich von grundlegender erzieherischer Relevanz.

Erziehung zur Achtung

Folgende pädagogische Grundeinsichten für eine aktuelle moralische Erziehung zur Achtung (nach Speck in Anlehnung an Herzog [1991], Speck [1991] und Oser/Althoff [1992]) sollen das vorliegende Kapitel abschließen:

- »Moralische Entwicklung ist ein *Prozess,* der von einer anfänglichen moralischen Intuition des Kindes und einer vom eigenen Selbst akzeptierten heteronomen Moral zur moralischen Autonomie führt.
- Dieser Prozess wird durch Erziehung unterstützt, angeregt und begleitet, nicht aber gesteuert (Erziehungsverständnis).
- Zentrale Instanz bei jeglicher moralischen Erziehung ist das *Selbst,* das durch Aktivität und Selbstregulation die eigene Entwicklung und

damit das Moralisch-Werden entscheidend bestimmt (Selbst-Entwicklung).

- Moralische Erziehung bezieht sich nicht in erster Linie auf das moralische Denken, sondern beginnt mit der Pflege und Unterstützung der ursprünglich im Kind angelegten moralischen *Sensibilität* (Moralische Gefühle).
- Die Ausbildung von Achtung für den Anderen ist auf das Erleben von Geachtet- und Wertsein und damit auf *Selbstachtung* angewiesen.
- Das Erleben gegenseitiger Achtung sollte auch über sich hinaus in die Dimension der *Ehrfurcht* vor allem Unergründlichen und Unverfügbaren transzendieren.
- Der Weg zur moralischen Autonomie führt über das Erlernen guter *Gewohnheiten* und verlässlicher *Regeln*, verbunden mit der Erfahrung von Grenzen.
- Für eine moralische Erziehung ist nicht die Belehrung entscheidend, sondern das eigene moralische *Handeln* in einem ganzheitlichen Sinn.
- Einen wichtigen pädagogischen Aspekt stellt die Zusammenarbeit und das gemeinsame *Gespräch* (Diskurs) bei moralischen Konflikten dar. Dabei geht es im Besonderen auch um das Erfahren anderer Standpunkte und das Hineindenken in den Anderen (Empathie).
- Moralische Erziehung besteht in ihrem Wesen nicht in pädagogisch-didaktischen Einzel- und Spezialaktionen, sondern im Bereitstellen eines *moralischen Feldes*, in dem das Handeln von gegenseitiger Achtung geprägt ist (Pädagogisches *Ethos*)« (Speck 1996, S. 121).

Zusammenfassung

- Werte sind das Ergebnis einer vollzogenen Wertung. Durch die vielen Wahlmöglichkeiten, die der moderne Mensch hat, ist er genötigt, entscheiden, verantworten und auch die Konsequenzen für seine Wahl tragen zu müssen. Individuelle Werte verkörpern zugleich die Motive, auf die der Mensch sein Handeln bezieht und geben somit dem jeweiligen Leben eine unverzichtbare Systematik durch die Trennung des subjektiv Wichtigen vom Belanglosen.
- Die Übernahme von Werthaltungen bei Kindern und Jugendlichen geschieht in hohem Maße durch Nachahmung und Identifikation. Die Entwicklung von Werthaltungen lässt sich durch die Kriterien »Zunehmende Komplexität«, »Kontinuität«, »Zunahme der persönlichen Autonomie« sowie »Realismus und Liberalismus« beschreiben.
- Eine umfassende Theorie zur Entwicklung des moralischen Urteilens wurde von Kohlberg (1974) entwickelt. Diese besteht aus sechs Stufen

und orientiert sich im Wesentlichen an der Entwicklung von Begründungen normativer Urteile und Orientierungen, die diese Urteile leiten.

- Einen entwicklungstheoretischen Ansatz hat Gilligan (1983) vorgelegt. Dieser nimmt Fürsorge und Verantwortung anderen gegenüber zum Maßstab moralischen Verhaltens. Das moralische Denken und Verhalten entfaltet sich über drei Stadien.
- Es existiert ein menschliches Bedürfnis, die eigenen Handlungen in den Stand objektiver, aller Willkür entzogener Prinzipien zu überführen, denn moralische Fragen setzen die urteilende Person stets in ein Verhältnis zu anderen Menschen.
- Die Aufgabe der Erziehung besteht nicht zuletzt darin, dass der einzelne Mensch seine bloß subjektive Wertorientierung durch eine übersubjektive gesellschaftliche zu ersetzen lernt.
- Achtung vor dem anderen stellt ein Grundprinzip der Moral dar. Sie ist auf den Grundsatz der (moralischen) Autonomie, der die Verantwortung und Selbstverpflichtung des Einzelnen einfordert, angewiesen. Achtung als moralisches Gefühl gilt allerdings nicht nur dem anderen, sondern in gleichem Maße auch dem Selbst.

3. Werteerziehung in der Schule

3.1 Warum soll Schule Werteerziehung leisten?

3.1.1 Der Zusammenhang von Bildung und Werten

Wissensgesellschaft

In einer sich selbst als »Wissensgesellschaft« definierenden Gesellschaft besteht die Gefahr, dass der Begriff der Bildung zunehmend an Bedeutung verliert bzw. »entleert« wird, da er – im Zusammenhang mit Bezeichnungen wie Bildungssystem, Bildungsoffensive u.a. – den ursprünglich an ihn gestellten Ansprüchen wie Selbstbestimmung, Mitbestimmung und Solidarität nicht mehr gerecht wird, sondern statt dessen eine rein quantitativ legitimierte Wissensvermittlung befördert. Die Qualität des Wissens jedoch steht in unlösbarem Zusammenhang mit dem »Ge-Wissen«. Darüber hinaus fehlt der »enzyklopädischen Vielwisserei« die Interpretation der Fakten, die dem Detail erst seine Bedeutung, seinen Stellenwert gibt sowie das Erfassen der Zusammenhänge, ohne das man Fakten nur konstatieren, nicht aber verstehen, das Faktenwissen nicht beherrschen kann. Nicht zuletzt mangelt es der bloßen Wissensaneignung auch an einem inneren Nachvollzug, der für die betroffene Involviertheit der Schülerinnen und Schüler selbst die Voraussetzung ist. Erst ein solchermaßen »internalisiertes« Wissen führt über ein angelerntes Gedächtniswissen hinaus. Die Vermittlung von Wissensbeständen, ohne dass man zu diesen ein persönliches Verhältnis, eine Beziehung gewinnt, ist ausschließlich fremdbestimmt. Bildung bedeutet aber nicht nur die Verfügung über berufliche oder beruflich verwertbare Kenntnisse und Fertigkeiten, sondern die Prägung und Formung des Charakters, der Persönlichkeit durch das Gelernte.

Verständnis schulischer Bildung

Das Verständnis schulischer Bildung orientiert sich an der Respektierung der Menschenrechte, insbesondere der Würde des Menschen und an Begriffen wie Humanität und Demokratie. Von Klafki (1985) wird Bildung aufgefasst als eine positive innere Einstellung und Disposition zur realen Welt, die unverzichtbar die sittliche Dimension der menschlichen Existenz einschließt und eine demokratische Gesellschaft von Gleichberechtigten und sozial Gleichwertigen bewirken soll. Nach wie vor kennzeichnet Bildung den Kern sowohl der Persönlichkeitsentwicklung als auch der Gemeinschaft. Ihre Aufgabe besteht darin, jeden Menschen zu befähigen, seine Talente in höchstmöglichem Maße zu entwickeln und darüber hinaus seine kreative Leistungsfähigkeit, einschließlich der Verantwortung für sein eigenes Leben und der Erreichung seiner persönlichen Ziele optimal zu nutzen.

> »Der Mensch ist kein Wesen, das bloß für bestimmte Zwecke konditioniert werden darf, sondern er ist aufgerufen, selbstständiges Denken und Urteilen in sich zu entfalten, er braucht nicht nur Wissen sondern auch Kriterien, wofür es einzusetzen ist, er benötigt nicht nur Wendigkeit und Findigkeit, sondern auch Charakter und Verantwortungsbewusstein, soll er sich in einer immer komplexeren Welt als ›Mensch‹ zurechtfinden und behaupten können« (Wehnes 2001).

Aufgabe der Schule

Insbesondere in einer demokratischen Gesellschaft besteht die Aufgabe der Schule darin, Schülerinnen und Schülern dabei zu helfen, eine politikfähige, politikbereite und verantwortungsbewusste Person zu werden. Sowohl Wissen als auch Bildung werden also durch Erfahrung »getragen«. Für die »innere« Bildung des Menschen sind darüber hinaus Werte ebenso unverzichtbar und diese sind gleichfalls auf Erfahrung angewiesen (vgl. Kapitel 1).

Erfahrungen und Vorbilder

> »Erfahrungen beeinflussen ständig Werte und unsere Wertbindungen erwachsen aus der Selbstbildung, beeinflusst von Vorbildern und durch Beispiele, durch die Bildungsinstitutionen, durch die Verarbeitung von Erfahrungen und deren Überprüfung mithilfe hinzugewonnenen Wissens und dadurch, dass die Werte mit den Ansprüchen der eigenen Lebenszeit und Lebenswelt korrespondieren« (Baumert u.a. 2002, S. 184).

Wertbindung

Es stellt sich die Frage, wie Bildung in Zeiten vielfältiger Handlungsmöglichkeiten angemessene Formen der Wertbindung bereitstellen kann. Drei wesentliche veränderte Bedingungen werden hierfür von Baumert u.a. (a.a.O.) genannt:

- *Respekt vor unterschiedlichen Wertorientierungen.* Insbesondere in einer pluralistischen Gesellschaft ist das Zusammenleben von Menschen mit ihren jeweils eigenen Wertorientierungen nur möglich, wenn alle Beteiligten bereit sind, allgemeingültige Werte, die das friedliche Miteinander gewährleisten, anzuerkennen. So werden einerseits die eigenen Wertbindungen gelebt, andererseits die verschiedenen Wertbindungen der Mitmenschen toleriert und akzeptiert.
- *Gemeinsamkeiten unterschiedlicher Wertetraditionen.* Insbesondere die aus vielen verschiedenen Traditionen oder Gegebenheiten stam-

menden Gemeinsamkeiten sind in der Lage, gemeinsame Werte abzubilden. »Es geht um die Erkenntnis der Gemeinsamkeit in verschiedenen Wertetraditionen, die deren bindende Kraft nicht antastet« (a.a.O., S. 187).

- *Empathie.* Um die Welt mit den Augen anderer sehen zu können, ist Empathie unverzichtbar (vgl. Kapitel 2.5). Nur hierdurch kann der eigene, begrenzte Horizont überwunden werden und Verständnis für das Leben und die Wertvorstellungen anderer Menschen entwickelt werden.

Zusammenhang von Bildung und Wertebildung

Bildung und Wertebildung stehen somit in einem engen Zusammenhang. Gerade der Bildungsbegriff ist – im Gegensatz zum Wissensbegriff (siehe oben) – für seine Realisierung auf die positive Wertorientierung des Individuums angewiesen. Auch für Weinert repräsentiert die Wertorientierung einen wesentlichen Aspekt von Bildung. Im Rahmen eines Vortrags (2000) hat er für die Verbesserung der Qualität des normalen Schulunterrichts sechs fundamentale Bildungsziele formuliert, von denen das sechste lautet:

»6. Bildungsziel

Erwerb von Wertorientierungen
(soziale, demokratische und persönliche Werte)

durch

Erleben einer Wertgemeinschaft
(Schulkultur, Klassengeist, Lehrervorbild,
Gemeinschaftserfahrungen)

wird begünstigt durch

motivationalen Lerntransfer

wird nicht gefördert durch spezielle
Unterrichtsmethoden, sondern durch

lebendige Schulkultur«

(a.a.O., S. 15)

Dabei geht es auch Weinert neben kulturellen Regeln sowie sozialen Sitten ebenso um universelle Normen wie beispielsweise Fairness und Gerechtigkeit, und es stellen sich Fragen danach,

- *wie die Schulen ihren eigenen Unterricht organisieren,*
- *worum es beim Aufbau einer Schulkultur eigentlich geht* und
- *was es bedeutet, regelgeleitet zusammen zu leben (vgl. a.a.O.).*

Wertorientierung in der Schule

Sind für die Bildung, für das »Gebildet-Sein« bzw. das »Gebildet-Werden« Werte somit wesentliche Größen, stellt sich auch für die Schule als Bildungsinstitution mit gesetzlichem Bildungsauftrag die Frage nach der Werteorientierung ihrer Schülerinnen und Schüler und wie diese Orientierung zu unterstützen, zu begleiten ist.

> »Räume definieren Denkräume ..., in einer nicht bewusst gelebten Lebensform kann die Erfahrung der Aneignung der Welt nur als Strafe empfunden werden und selbst ungestaltet bleiben. Anstelle der Erfahrung von Werten tritt die von Unwerten. Aufbrechen lässt sich dies erst, wenn das Bildungssystem und seine Institutionen den Anspruch haben und durchsetzen wollen, nicht nur Fertigkeiten und Wissen, sondern eben auch Werte zu vermitteln ... Für die Bildung von Werten gilt: *Werte müssen selbst erlebt werden, sonst gibt es sie für den Einzelnen nicht*« (Baumert u.a. 2002, S. 179; Hervorheb. J.S.).

3.1.2 Erziehung

Definition von Erziehung

Nach Ipfling (1978, S. 32) ist unter Erziehung »jene Hilfestellung zu verstehen, die ein relativ Mündiger einem relativ Unmündigeren argumentativ zukommen lässt, damit dieser selbst regulative Prinzipien für sein Denken und Handeln verbindlich zu machen lernt«. Erziehung als Hilfe zur Persönlichkeitsbildung ist *grundsätzlich* wertorientiert, denn sie hat den Anspruch, Orientierungshilfe sowie Werterhellung zu leisten und ihre Absicht ist die Wertverwirklichung in der autonomen Persönlichkeit. Richtet sich Erziehung nach allgemeinem heutigem Verständnis auf die anzustrebende Mündigkeit des Subjekts, ist ihre Bestimmung das selbstbestimmt handelnde Individuum, was die Führung seiner selbst mit einschließt. Somit hat Erziehung stets zum Ziel, ein Wertebewusstsein beim Edukanten auszulösen. Denn ohne Werte d.h. Orientierungen, Vorstellungen über das »Richtige« und »Gute«, wäre der Mensch nicht handlungsfähig. Zwar sind die Art des Wesens der Werte und die Rangordnung der Werte problematisch sowie umstritten. Dennoch ist im Menschen ein naturgegebenes Wertebewusstsein angelegt und deshalb sind »Werterlebnisse und Wertgestaltungen« pädagogisch zwingend notwendige Ereignisse. Die »Förderung der Wertempfänglichkeit und der Wertgestaltungsfähigkeit« (Henz 1971, S. 95) des Menschen ist aus diesem Grund für die Erziehung unverzichtbar.

Relevanz von Wertorientierung

In den Schulen wird die Aufgabe der Erziehung zunehmend komplizierter, denn die Institutionalisierung von Bildung erfordert einen hohen Grad an gewissermaßen »betrieblicher« Disziplin, die ein entsprechendes Maß an Sozialisation ihrer Schüler voraussetzt. Diese ist aber mittlerweile häufig nicht mehr gegeben und als Symptom der »Werteerosion« werden zahlreiche Phänomene registriert, die auf Missstände der Sozialisation bei Kindern und Jugendlichen hindeuten. Schule sollte daher die Herausforderung annehmen, ihre erzieherische Aufgabe entsprechend wichtig zu nehmen. Das heißt, im Unterricht sollte den erweiterten Erziehungsansprüchen der Schülerinnen und Schüler einerseits genügend Raum gegeben, andererseits den anstehenden Problemen mit professioneller und nachhaltiger pädagogischer Arbeit begegnet werden. In einer u.a. materiell so reich wie der unsrigen ausgestatteten Lebenswelt liegen die Herausforderungen heute in der gelingenden Selbstbestimmung des Menschen gegenüber der unablässigen Abfolge von Offerten, die auf ihn einströmt. Insbesondere die Heranwachsenden müssen lernen, auf begründete Weise zu unterscheiden, d.h. abzuwägen, auszuwählen oder auch abzulehnen. Das ist ein wichtiger Aspekt der »Werturteilsfähigkeit«. Zwar hat es Erziehung ihrem Begriff nach immer mit der Selbstbestimmung des Subjekts gegenüber dem Gegenständlichen zu tun. Nur war das vorhandene Angebot von Lebenschancen und -risiken in früheren Zeiten erheblich kleiner. Erziehungsziele sind somit die Persönlichkeitsideale, die in einer Gesellschaft gelten und zu den normativen Orientierungsgütern der Erwachsenen gehören. Insbesondere die gesetzlichen Erziehungsziele sind für jedes Gemeinwesen ein unentbehrliches Mittel, wenn es darum geht, bei seinen Mitgliedern das notwendige Mindestmaß an normativer Übereinstimmung zu sichern.

Werteerosion

Werturteilsfähigkeit

3.1.3 Wertneutralität in der Schule?

Von schulischer Erziehung wurde in der Vergangenheit häufig eine Art »Wert-Neutralität« gefordert, weil diese zugunsten von Wertpluralismus, Demokratieerziehung und Vermeidung von Indoktrination förderlich zu sein schien. Dabei wurde allerdings außer Acht gelassen, dass in der Regel dennoch – wenn nicht offen intentional, so doch auf jeden Fall funktional über das Modelllernen – *die Werthaltungen der Lehrerinnen und Lehrer* auf ihre Schüler wirken. Auch wenn es Unterschiede geben mag hinsichtlich des Bewusstseins über die jeweils individuellen Werthierarchien oder der Neigung, solche in Interaktionen und Kommunikationen wirksam werden zu lassen: ein Wertvakuum ist in der Schule einerseits nicht möglich, andererseits aber auch nicht wünschenswert (siehe die Erziehungs- und Bildungsaufträge der Bundesländer). D.h., der Lehrer ist

Modelllernen

immer ein Beispiel für Schülerinnen und Schüler, und im schlimmsten Fall gibt er ein unreflektiertes und unkommentiertes schlechtes.

> Unterricht und Schulkultur werden durch die in das soziale Feld »Schule« hineinwirkenden Werteinstellungen aller an der schulischen Erziehung Beteiligten beeinflusst!

soziale Unsicherheit und erzieherische Orientierungslosigkeit

Sollte dennoch in der Schule der untaugliche Versuch unternommen werden, ein wie immer geartetes Wertvakuum anzustreben, produziert dies im Gegenteil im Erziehungsbereich vielmehr eine hochproblematische Werthaltungsdiffusität. Diese ruft bei Schülerinnen und Schülern notgedrungen soziale Unsicherheit hervor sowie erzieherische Orientierungslosigkeit auf der Seite der Lehrerinnen und Lehrer. Die Gefahr besteht, dass es zu unpräzisen Strukturen im Wahrnehmen und Verhalten der Kinder und Jugendlichen kommt, die sich unter anderem in angstgenerierenden Wahrnehmungen und Entwicklungen äußern können. Ressel (1995) hat auf die unverzichtbare Bedeutung von Gewohnheiten und Ritualen hingewiesen, die den sozial unsicheren Einzelnen davor schützen, seine Unzulänglichkeit offen zu legen und ihm innerhalb gemeinsamer Formen Sicherheit geben. Darüber hinaus tragen sie zur Kultivierung des Alltags bei und geben der gegenseitigen Achtung mehr Möglichkeiten.

Auch nach Tröger (1978) kann Schule sich nicht auf die bloße Vermittlung von Unterrichtsstoffen beschränken, denn

Grundwerte und Pluralismus

- »Es gibt keinen absoluten Pluralismus. In keiner Gesellschaft kann jede denkbare Wertordnung, etwa Demokratie, Kommunismus, Faschismus, gleichzeitig zugelassen sein. Es gibt Grundmuster für den Aufbau einer Gesellschaft, die sich gegenseitig ausschließen.

  > Grundwerte: diese verpflichten den Einzelnen; erst dann beginnt der weite Bereich des Pluralismus, in dem jeder seinen Weg selbst entscheiden kann.

- Die Grundwerte sind nicht einfach ein ›Minimalkonsens‹. Mit den Begriffen Menschenwürde, Freiheit, Gerechtigkeit sind weitgreifende, schwierig zu realisierende, Anstrengungen und Opfer fordernde Grundsätze bezeichnet, nicht nur ein Restbestand von Spielregeln, den der Pluralismus gerade noch übrig lässt« (a.a.O., S. 28f.), (vgl. auch Kapitel 1.4).

Die pädagogische Herausforderung der pluralistischen Moderne liegt deshalb ganz bewusst nicht in einer Wertneutralität, sondern neben der Heranbildung einer Sachurteilsfähigkeit in besonderem Maße auch in jener einer Werturteilsfähigkeit.

3.1.4 Bestimmungen der Werteerziehung

Orientierungskrise

Erziehung ist grundsätzlich auf etwas »Wertvolles« gerichtet. Das gegenwärtig häufige Verlangen nach »Werteerziehung« ist eine Reaktion auf die offensichtliche Orientierungskrise, welche bei vielen Menschen durch den schnellen kulturellen Wandel der modernen Gesellschaften ausgelöst wird (gefördert beispielsweise durch die mehr oder weniger »wahllose« Wertpluralität insbesondere bei privaten TV-Medien). Deutlich wird diese Orientierungskrise einerseits in der Ratlosigkeit und Unsicherheit, wenn es um zentrale Wertungs-, Norm-, Sinn- und Zielfragen geht, ebenso wie andererseits in der Zunahme von psychischen Störungen, sozialen Konflikten und Fehlverhalten. Der Missbrauch, den Diktaturen mit Gemeinschaftsidealen und staatsbürgerlicher Treue getrieben haben, hat darüber hinaus zu dem irrtümlichen Glauben geführt, ein freiheitlicher Staat könne auf Dauer ohne gemeinsame Ideale und Bürgertugenden funktionieren. Allerdings hat sich zunehmend erwiesen, dass dieses »Wertevakuum« nicht nur das Wohl des Einzelnen gefährdet, sondern auch den Zusammenhalt der Gemeinschaften bedroht (vgl. Kapitel 1.3).

Wert als relationaler Begriff

Jeder Wert ist Wert für jemanden. »Wert« ist ein relationaler Begriff, denn er drückt eine Beziehung zwischen einem Subjekt und einem Objekt aus. Somit umfasst er alles, was Gegenstand einer Gefühlsreaktion, was Ziel des Wollens und Handelns wird. Der Mensch strebt als bewusst handelndes Wesen systematisch nach dem, was ihm als wertvoll erscheint. Hinter dem Werten jedes einzelnen Individuums stehen einerseits die individuellen Bedürfnisse und Erfahrungen, also die Subjektivität. Auf der anderen Seite vollzieht sich das Werten des Einzelnen in einem sozialen Kontext, im Rahmen der überindividuellen Wertungen der Gemeinschaft und Kultur. Sowohl an individuelles als auch an soziales Werten ist schließlich der unbedingte Anspruch des »sittlich Guten« anzulegen. Damit steht hinter dem Erziehungsauftrag der Schule, insoweit dieser als Werteklärung und -vermittlung bestimmt wird, worüber Einigkeit bestehen sollte, nicht zuletzt die Frage:

Anspruch des »sittlichen Guten«

Wie kann den Schülerinnen und Schülern dabei geholfen werden, den Schritt von der impulsiven, bedürfnisgesteuerten Stellungnahme zum freien, bewussten Werten zu vollziehen?

Nach Brezinka (1990) kann eine Werteerziehung nur sinnvoll sein, wenn sie eine spezielle erzieherische *Teil*aufgabe definiert. »Erzieherische Teilaufgaben ergeben sich aus den besonderen Anforderungen, denen die Menschen gewachsen sein müssen. Je reicher, komplizierter und unübersichtlicher die Kultur einer Gesellschaft ist, desto zahlreicher, schwieriger und spannungsreicher sind die Anforderungen an das Wissen und Können ihrer Mitglieder. Damit wird auch das Bild der Persönlichkeitseigenschaften, die für ein gutes Leben notwendig zu sein scheinen, reichhaltiger und differenzierter« (a.a.O., S. 379). Als erzieherische Teilaufgaben in der Schule könnten vor dem Hintergrund unserer heutigen gesellschaftlichen Situation beispielsweise bestimmt werden, die Erziehung zur

Erziehungsauftrag der Schule

- Selbstständigkeit,
- Fähigkeit der Übernahme von Verantwortung,
- Politikfähigkeit,
- Demokratiefähigkeit.

Kann man die Werteinstellungen, die den geltenden gemeinsamen Idealen entsprechen, als die in jeder Gesellschaft zentralen Erziehungsziele bezeichnen, enthält der Anspruch an Werteerziehung die Aufforderung, die Erziehung an den normativen Orientierungsgütern (oder Idealen) bzw. den Grundwerten der jeweiligen Kultur auszurichten. Staatliche Werteerziehung durch Lehrerinnen und Lehrer an öffentlichen Schulen muss vor diesem Hintergrund eine »Grundwerte-Erziehung« sein. Je mehr der Pluralismus der konkurrierenden Glaubensgüter und der subjektiven Werterangordnungen in unserer individualistisch geprägten Demokratie zunimmt, desto wichtiger wird das öffentliche Schulwesen für den Zusammenhalt der Gesellschaft. Die Schulen haben daher nicht nur dem Recht der Schülerinnen und Schüler nach Bildung und ihren berechtigten Interessen nach Aufstieg zu dienen. Eine wichtige Aufgabe der Schule im öffentlichen Interesse besteht zugleich in der Pflege der kulturellen Einheit, insbesondere der moralischen Grundübereinstimmung der Gesellschaft (vgl. Brezinka 1990).

»Grundwerte Erziehung«

moralische Urteilsfähigkeit, Mündigkeit

Darüber hinaus ist das grundlegende Ziel der Werteerziehung eine Erziehung zur moralischen Urteilsfähigkeit. Denn neben der selbstbestimmten Übernahme von für unsere Gesellschaft maßgeblichen Grundwerten ist ein wesentlicher Schritt auf dem Weg zur Mündigkeit die Entwicklung der Fähigkeit, »moralische Werte und Prinzipien im Alltag richtig anzuwenden (Kohlberg 1987, 1995; Lind 1994, 1998)« (Lind 2003, S. 18f.). Werte können unterschiedlich interpretiert werden, und Werte können in Konflikt zueinander geraten, wenn es sich beispielsweise als unmöglich erweist, zugleich ehrlich und einer Person oder Sache gegenüber loyal zu sein. Pädagogisch verantwortbar ist daher nur, wenn man

»Kinder und Jugendliche nicht in erster Linie dazu zu bringen versucht ›ja‹ zu unseren Werten zu sagen, sondern sich bemüht, ihre eigene Urteilsfähigkeit in Gang zu setzen und zu halten« (Althoff 1991, S. 141).

Aufgabe der Erziehung im Pluralismus

Allerdings beschreibt Werteerziehung, wie sie im Zusammenhang mit den Grundwerten verstanden wird, durchaus das eingrenzbare Verständnis von Erziehung auf eine solche, die Schülerinnen und Schüler auch auf vorweg definierte Einstellungen verpflichten soll. Wird der Pluralismus als ein Kriterium unserer Gesellschaft anerkannt, lautet eine grundlegende Aufgabe von Erziehung:

> Das Subjekt muss einerseits imstande sein, die Pluralität des menschlichen Einfallsreichtums anzuerkennen, andererseits aber muss es in der Lage sein, sich um »gültige« Einstellungen bzw. Standpunkte zu bemühen.

Solcherart gültige Einstellungen werden beispielsweise durch unser Grundgesetz vorgegeben.

Kann der Pluralismus als die politische Einlösung des pädagogischen Gedankens der Mündigkeit betrachtet werden, hat er dennoch an der Stelle seine Grenzen bzw. wird anarchisch, wo seine Grundsätze infrage gestellt werden. Eine wesentliche Aufgabe von Erziehung ist daher, immer auch den sozialen Kontext zu berücksichtigen. Und so wie Kinder und Jugendliche lernen sollen, die Meinungen anderer grundsätzlich zu respektieren, müssen sie gleichermaßen in Zukunft der Aufgabe gewachsen sein, sich der Meinung anderer zu widersetzen, z.B. wenn diese sich gegen die demokratischen Grundbedingungen einer auf Selbstbestimmung basierenden menschlichen Existenz richten.

Wertephilosophie

Die Philosophie vermag keine letztgültigen Werte zu definieren, sondern diese dienen in der Wertephilosophie lediglich als Metapher für die »notwendige Handlungsorientierung«. Der Mensch kann somit nicht auf zentrale übergeordnete normative Instanzen hoffen und muss, wenn er sich nicht der Beliebigkeit überlassen will, sich selbst der Verantwortung als »wert«setzende wie »wert«prüfende Instanz stellen. Werte sind vor diesem Hintergrund keine autoritativen Vorgaben, sondern gründen auf eigenverantwortlichen Entscheidungen. Die Aufgabe der Werteerziehung bzw. der Erziehung zur moralischen Urteilsfähigkeit besteht somit darin, die Schülerinnen und Schüler dergestalt zu begleiten, dass sie nicht »irgendwie« in beliebiger Weise, sondern in Berücksichtigung konkreter spezifischer Kriterien Werte ausbilden und beherzigen. Um dies zu ermöglichen, muss schulische Werteerziehung die Heranwachsenden zual-

Selbstwert

lererst in einer solchen Weise pädagogisch unterstützen, dass sie fähig werden bzw. fähig bleiben, »unbeirrbar« an ihren *Selbstwert* zu glauben. Nur auf diese Voraussetzung kann ein weiterführender, die Umwelt einbeziehender Dialog für eine erfolgreiche Wertefindung und Wertebindung stattfinden.

empathisches Verstehen und Begleiten

In der Pädagogik geht es ebenso wenig primär um Handlungsanweisungen, wie darum, Handlungsmaximen zu entwickeln. Von vorrangiger Bedeutung ist hingegen das empathische Verstehen und Begleiten. Ein Kind, das verstanden wird, kann sich selbst in seinem *Wertsein* erleben. Im Verlauf ethischer Erziehung begleiten sich Menschen gegenseitig auf einem gemeinsamen Weg. Dadurch soll Verstehen ermöglicht und das eigene Sein begriffen werden als ein Selbst-Sein, als ein Mit- bzw. ein In-der-Welt-sein. Somit ist eine Einschränkung des schulischen Unterrichts auf die deskriptive, vermeintlich wertneutrale Position der so genannten reinen Lehrfächer letztlich im gleichen Maße ebenso wenig weder durchhaltbar noch wünschenswert wie die affektive Indoktrination, also die Übertragung eigener Wertvorstellungen auf den Schüler. Werteerziehung hat – wie die Erziehung allgemein – das Ziel, junge Menschen zu befähigen, sich selbst im Rahmen einer gemeinschaftlichen Ordnung bestimmen und verwirklichen, das eigene Leben verantwortungsbewusst gestalten zu können.

Ziele der (Werte-) Erziehung

> Alle »Wertorientierung hängt von den zwei Grundentscheidungen über den Wert und den Sinn des Lebens ab. Beide hängen eng zusammen. ... Das Ja zum Leben – psychologisch gesprochen das Urvertrauen zur Welt und zu sich selbst – ist unmittelbar pädagogische Aufgabe. Die Frage nach dem Sinn muss letzten Endes das Kind später selbst beantworten« (Tröger 1978, S. 28f.).

3.2 Pädagogische Grundmodelle zur Werteerziehung

»Moralerziehung hat in der Tat so viele Gesichter, wie es Ansätze gibt, sie zu realisieren« (Oser 2001, S. 63). Exemplarisch sollen daher im Folgenden in Anlehnung an Oser/Althoff 2001 drei Modelle vorgestellt werden, die von grundlegend unterschiedlichen Voraussetzungen in ihrem Menschenbild sowie den daraus folgenden didaktisch-methodischen Konsequenzen für schulischen Unterricht ausgehen.

3.2.1 *Die romantische Erziehungsphilosophie/der Wertklärungsansatz*

Entwicklung/ Förderung natürlicher Reifungstendenzen

Diesem Ansatz liegt ein Menschenverständnis zugrunde, demzufolge das Gute im Menschen angelegt ist, das Pathologische oder Böse hingegen wird der Beeinflussung durch gesellschaftliche Gegebenheiten zugeschrieben. Die Aufgabe der Erziehung besteht demgemäß vor allem darin, dem Menschen dabei zu helfen, zu sich selbst zu kommen. Angelehnt an die Idee des Reifungskonzepts, nach dem Wachstum die Verwirklichung angeborener Möglichkeiten ist, muss man »das Kind nur richtig wachsen lassen, ihm günstige Bedingungen – einen guten Nährboden – anbieten, dann findet es seinen Weg allein« (Oser /Althoff 2001, S. 90).

Für die romantische Erziehungsphilosophie sind insbesondere zwei Auffassungen wesentlich: der Aspekt der Kreativität und die Überzeugung, dass die kindliche Entwicklung weder ein Ergebnis aktiver Auseinandersetzung und Neubildung sei, noch die Wiedergabe von umweltgesteuerten Einflüssen. Kindliche Entwicklung als Entfaltung angeborener Strukturen ist vor diesem Hintergrund von der behutsamen und unterstützenden Förderung natürlicher Reifungstendenzen abhängig. Als Konsequenz erfährt die Freiheit der Aufwachsenden eine besondere Betonung (vgl. a.a.O.). Die Hervorhebung der Einzigartigkeit des menschlichen Wesens führt zu der Überzeugung, dass Werte nur vom Selbst individuell bestimmt, jedoch nicht nach objektiven Maßstäben eingeschätzt werden können. Indem die Wertfrage in den einzelnen Menschen hineingebracht wird, stellt sich die Bedeutung von Werten als relativ dar, denn diese sind dann gut, wenn sie vom jeweiligen Einzelnen so wahrgenommen werden.

Problematik

In ihrer Bewertung ist Oser/Althoff (a.a.O.) zuzustimmen, die den romantischen Erziehungsansatz als problematisch bewerten, denn seine Implementierung in der Schule würde die Moralerziehung schließlich als belanglos bzw. nebensächlich darstellen. So wäre die Erarbeitung von für die Gesellschaft bedeutsamen sozialen Werten unwichtig, da nach Ansicht dieser Erziehungsphilosophie Werte nur von dem jeweiligen Selbst individuell bestimmt werden könnten und somit jeder moralische Wert, sofern er nicht direkt den kindlichen Bedürfnissen widerspricht, akzeptiert werden müsste. Moralische Werte könnten also nicht nach objektiven Kriterien beurteilt werden, so dass »im Extremfall … der Verbrecher wie der Heilige als Vorbild genommen werden« kann (a.a.O., S. 95). Sofern ein Mensch in ihnen die Erfüllung seiner Wünsche und Genugtuung findet, werden die verschiedenen persönlichen Werte alle als gleich-»wertig« angesehen.

Wie oben ausgeführt (vgl. Kapitel 1.7), ist es zwar unerlässlich, Toleranz in der Auseinandersetzung mit anderen Menschen und Einstellungen zu entwickeln und zu beanspruchen, »das Toleranzgebot bedeutet aber nicht, dass fundamentale moralische Fragen wie Fragen des persönlichen Geschmacks behandelt und dadurch letztlich persönlicher Willkür unterstellt werden« (a.a.O., S. 94).

3.2.2 Der technologische Erziehungsansatz: Wertvermittlung als Normkonformität

Tradierung von Kultur und Werten

Ebenso wie das im Laufe der Geschichte zusammengetragene Wissen und Können müssen den Vorstellungen der klassischen Bildung zufolge auch die sozialen Werte, Normen und Regeln tradiert werden. Letztlich orientiert sich Moralerziehung bis in die Gegenwart hinein in fast allen Schulen an diesem Muster der Vorbestimmung von gewünschten Werten und deren unmittelbaren Unterrichtsvermittlung (z.B. »Das Gymnasium vermittelt ... ein breites kulturelles, ethisch-religiöses und ökonomisches ... Wertefundament« [Bayrisches Staatsministerium für Unterricht und Kultus 2004], »Im Einzelnen sollen die Schüler altersgemäß in die im Bildungsauftrag des NSchG genannten Wertvorstellungen und Normen eingeführt und fähig werden, über sie zu reflektieren« [Niedersächsisches Kultusministerium 2004]). Auch werden Tugenden wie Zuverlässigkeit, Freundlichkeit, Ehrlichkeit, Loyalität, Hilfsbereitschaft, Großzügigkeit, Solidarität, Toleranz etc. genannt (z.B. Niedersächsisches Schulgesetz, § 2 Bildungsauftrag der Schule [Niedersächsisches Kultusministerium 2004a]).

Die große Verbreitung dieses Modells beruht möglicherweise auf der unmittelbaren Nachvollziehbarkeit, die es für viele Menschen hat, indem Heranwachsende auf richtiges Verhalten hingewiesen und für dessen Einhaltung belohnt werden, die Verletzung von Normen und Regeln hingegen bestraft wird.

Definition von »Moral«

Moral wird nach dem Verständnis des technologischen Ansatzes definiert als die »Fähigkeit« zur Einhaltung von sozialen Normen und Erwartungen. Erziehung als Überlieferung des Gegebenen, nach Vorstellungen, die das Kind als »unbeschriebenes Blatt« definieren bzw. als ein »leeres Gefäß (verstehen), dass seinen Inhalt erst durch Milieu und Erziehung erhält. Moderne Variationen ... sind in Konzepte der Erziehungstechnologie, der Verhaltensmodifikation oder des ›direct teaching‹ eingegangen, alles Formen, bei denen der Erfolg des Lernens daran gemessen wird, wie sehr die vorgegebenen Ziele erreicht, die angestrebten Werte übernommen werden und die ›Zöglinge‹ einem bestimmten System gemäß reagieren« (Oser/Althoff 2001, S. 96). Analog zu den pädagogischen Überzeugungen, die diesem Ansatz zugrunde liegen, besteht ein wesentliches Ziel dieser Erziehungspraxis darin, Kindern und Jugendlichen die Disziplin der sozialen Ordnung zu vermitteln. Das dergestalt vorbestimmt abrufbare Wissen wird insbesondere mit den Methoden der Instruktion, des Vorbildverhaltens, der Verstärkung sowie der Übung zu übertragen versucht (a.a.O.).

Weitere Kennzeichen des Ansatzes

Den Kulturübermittlungsansatz prägen darüber hinaus nach Oser/Althoff folgende Kennzeichen:

- »Messbarkeit und Testbarkeit der übertragenen Werte und moralischen Einstellungen;
- Kulturrelativität (nicht Wertrelativität), weil jede Kultur ihre eigenen Werte zu vermitteln habe (kultureller Relativismus …);
- das Resultat der Arbeit des Erziehers ist der junge Mensch mit einem Bündel von erlernten Tugenden. Das Ziel der Erziehung ist ein Zögling mit einer Anzahl bestimmter Ideale, die durch Verinnerlichung zum Zentrum seiner Persönlichkeit werden« (a.a.O., S. 97).

Opportunismus und Konformismus

Auch der technologische Ansatz erweist sich als problematisch, da es nach dessen Leitvorstellung irrelevant ist, ob die Zustimmung zu den übermittelten Werten und Normen aus »wohldurchdachten oder aus opportunistischen Motiven erfolgt, ob sie moralische Reife oder bloßen Konformismus anzeigt« (a.a.O., S. 99). Das Ziel der Wertübermittlung besteht vor allen Dingen darin, mit geeigneten Methoden konventionell vordefinierte Werte verhaltensleitend werden zu lassen. Handlungsmotive und begründete Überlegungen bleiben von diesem Ansatz unberücksichtigt.

Zweck-Mittel-Relation

Moralische Urteilsfähigkeit lässt sich durch dieses Vorgehen nicht gezielt anbahnen, denn moralische Werte müssen nachvollzogen und verstanden werden, bevor sie das eigene Handeln prägen können. Hierfür ist nicht zuletzt die Selbstreflexion des einzelnen Menschen von Bedeutung. Technologische Überlegungen im Sinne von Zweck-Mittel-Relationen werden diesen Erziehungszielen nicht gerecht und damit nicht zu moralischer Mündigkeit und autonomer Entscheidungsfähigkeit hinführen. Schließlich ist zu berücksichtigen, dass soziales Verstehen und moralisches Urteilen entwicklungsabhängig sind (vgl. Kapitel 2). Wird dieser Umstand ignoriert und von Kindern und Jugendlichen schlicht unreflektierter Konformismus erwartet, fördert man einerseits die vorgebliche Übereinstimmung mit dem, was der Lehrer oder die Lehrerin gerne hören will. Haben Heranwachsende nicht die Gelegenheit, sich Beurteilungskategorien bezogen auf Werte zu erschließen und zu erproben, besteht andererseits die Gefahr der Indoktrination. Da sie Selbstbestimmung sowie Rationalität ausschließt und den Heranwachsenden die Möglichkeit nimmt, Erkenntnis und Vernunft entwickeln und selbstständig anwenden zu lernen, ist indoktrinative Erziehung jedoch schädlich

Gefahr der Indoktrination

und in keinem Falle zu rechtfertigen. »Der Kulturübermittlungsansatz vergisst, dass junge Menschen auch dazu geführt werden sollen, unsere Kultur zu einem Besseren hin verändern zu wollen, und nicht bloß dahin, sich an bestehende ethische Standards anzupassen« (a.a.O., S. 102).

3.2.3 Der progressive Ansatz der Moralerziehung nach Kohlberg

ethische Konflikte als Herausforderung

Dieser baut auf den Überlegungen der moralpsychologischen Entwicklungstheorie auf. Kern der Theorie ist die Annahme, dass der Heranwachsende mit dem Lösen konkreter ethischer Konflikte einen Lernprozess durchlebt, der zur nächst höheren moralischen Stufe hinführt. Durch die intensive interaktive Auseinandersetzung mit der sich verändernden Umwelt ergibt sich für Kinder und Jugendliche die Gelegenheit, zunehmend reversibler, differenzierter und komplexer zu denken und eine immer stärker an universellen Prinzipien orientierte Urteilskraft zu entwickeln. Vor diesem Hintergrund stellen sowohl die Stimulation moralischer Erfahrungs- und Verarbeitungsprozesse als auch die Unterstützung des Kindes, seine Entwicklung selbstständig weiterzuführen, die wesentlichen Aufgaben der Erziehung dar. »Die organisierende und entwickelnde Kraft des Kindes ist das aktive Denken, das vor allem durch die Erfahrung des Problematischen und des Konflikthaften herausgefordert wird. Also nicht fest angeborene Muster und nicht eine konfliktfreie, heile pädagogische Umwelt sind hiernach entscheidend, sondern die Auseinandersetzung mit Problemen, die beides herausfordern, die moralische Kognition und das moralische Gefühl. In diesem Ansatz wird das Kind als eine Person gesehen, die Verantwortung übernehmen kann, wenn man entsprechende Situationen dafür schafft. Es wird aber auch als Philosoph gesehen, der die Wirklichkeit immer wieder nach moralisch zunehmend reversiblen Gesichtspunkten rekonstruiert« (Oser/Althoff 2001, S. 103).

Analog zur Theorie Kohlbergs konzentriert sich die progressive Erziehung nicht vorwiegend auf die Übernahme bestimmter Werte und Normen (obwohl diese sich keineswegs neutral konkreten Werten und Normen gegenüberstellt), sondern hat als Ziel den Aufbau moralischer Urteilsfähigkeit.

Prinzip der Gerechtigkeit

Kernstück des progressiven Ansatzes ist das *Prinzip der Gerechtigkeit*, welches mit zunehmender Entwicklungsstufe immer grundlegender verstanden wird (vgl. Kapitel 2.3.1). Vor diesem Hintergrund ist nicht die Übernahme gewisser Annahmen oder Überzeugungen Endzweck der Erziehung, sondern das Erreichen der jeweils nächst höheren Stufe moralischer Urteilsfähigkeit und damit zugleich die Fähigkeit, Werte und Normen zu erklären und kritisch zu hinterfragen. Somit lebt der progressive Ansatz zur Moralerziehung von der Auseinandersetzung über das moralische Richtige in bestimmten Situationen. Ziel soll schließlich nicht Einigkeit über die richtige Lösung eines diskutierten Problems sein, sondern die wachsende Fähigkeit der Heranwachsenden, moralische Rechte und Pflichten erkennen und hierarchisieren zu können, d.h. die Suche nach allgemein gültigen Strategien, um Wertkonflikte zu beurteilen. Wesentlich ist dabei einerseits die Konfrontation der Schülerinnen und Schüler mit Inkonsistenzen ihres eigenen Denkens und »die Unterstützung von zunächst probeweisen Versuchen, das zu eng gewordene Korsett sozialer Denkkategorien abzustreifen« (Oser/Althoff 2001, S. 106).

Hierarchie moralischer Rechte und Pflichten

(In-)Stabilität moralischer Entwicklung

Allerdings[1] kann das Erreichen einer höheren Moralstufe nach Untersuchungsergebnissen von Lind (1993) möglicherweise nicht so stabil und dauerhaft verlaufen, wie von Kohlberg selbst angenommen. D.h., es ist nicht sicher, ob Heranwachsende nach einiger Zeit nicht wieder auf eine niedrigere Moralstufe zurückkehren können. Darüber hinaus fordern hypothetische Konflikte Schülerinnen und Schüler nicht in dem Maße »aus der Reserve« wie tatsächliche Konfliktsituationen. Daher ist es ungewiss, ob in Diskussionen nicht – bewusst oder unbewusst – anders argumentiert wird (z.B. nach der sozialen Erwünschtheit), als in realen Problemsituationen gehandelt würde, beispielsweise aufgrund eines Mangels an gefühlsmäßiger Involviertheit.

Fazit

Kohlbergs Ansatz orientiert sich überwiegend am argumentativen und kognitiven Bereich der moralischen Lernprozesse. Wie bereits gezeigt (Kapitel 1), ist insbesondere die Wertbindung erheblich auf Gelegenheiten emotional bedeutsamer Erfahrungen angewiesen.

Dennoch ist von den beschriebenen Theorien der Ansatz von Kohlberg der tragfähigste wie auch der überzeugendste. So zeichnet er sich einerseits durch eine gewisse Vollständigkeit in der Beschreibung der Entwicklung der moralischen Urteilsfähigkeit aus, andererseits ermöglicht die Stufenfolge darüber hinaus die Nachvollziehbarkeit wie auch Nachprüfbarkeit des zugrunde liegenden Ansatzes. Schließlich strebt diese Theorie als einzige eine Erziehung zur Mündigkeit bei Kindern und Jugendlichen an und trifft damit eine wesentliche Aufgabe von Schule und Unterricht.

1 Die kritischen Anmerkungen am progressiven Ansatz zur Moralerziehung orientieren sich an der im Kapitel 2.3.1 angesprochenen Kritik an der Theorie Kohlbergs.

3.3 Schulische Aufgaben für eine erfolgreiche Werteerziehung

Grundwertbezogenheit von Schule

Schulische Werteerziehung, die z.B. die Achtung der Grundwerte von Schülerinnen und Schülern zum Ziel hat, muss stets berücksichtigen, dass diese Achtung einerseits in großem Maße über die persönliche Anerkennung eines Lehrers wirksam wird, der seinerseits die Grundwerte respektiert und nach ihnen lebt. Andererseits wird auch die Schule auf ihre Grundwertebezogenheit durch die Heranwachsenden beurteilt. Es kommt somit nicht nur auf die Frage an, welche Grundwerte in der Schule gelehrt werden, sondern insbesondere auch darauf, nach welchen Grundwerten die Schule *selbst* geleitet oder in der Schule »gelebt« wird. Wenn Schülerinnen und Schüler die Möglichkeit haben sollen, einerseits ihre individuellen Lebenswege finden und wählen zu können, andererseits von und mit anderen lernen und mit ihnen zusammen handeln zu können, müssen in der Schule sowohl *Individualität* als auch *Vielfalt* und *Gemeinsamkeit* gleichermaßen erfahrbar sein. Darüber hinaus muss eine Schule im Pluralismus als demokratische Schule erfahrbar sein, als »gerechte Schule« (Just Community) im Sinne Kohlbergs oder so, wie sie die Reformpädagogen (z.B. Freinet u.a.) verstanden haben. Dabei geht es stets um die *realen* Einflussmöglichkeiten von Kindern und Jugendlichen auf den Schulalltag, auf den Unterricht und nicht zuletzt um den gegenseitigen Respekt, den sich Erwachsene und Kinder zubilligen.

Für die Schule ergibt sich daraus, dass »folgende Fähigkeiten in den Mittelpunkt moderner Erziehung zu rücken wären: Selbstständigkeit, Entwicklung eigener Maßstäbe, Empathie, Toleranz, kommunikative Kompetenz, Planungsfähigkeit, sowie es aushalten zu können, mit dem eigenen Urteil in der Minderheit zu sein, allein sein zu können usw.« (Preuss-Lausitz 1996, S. 38).

In Anlehnung an Tröger (1978) können folgende Aufgaben für die Schule festgehalten werden:

Grundwerte: Ermöglichung von Freiheit

- Zunächst muss differenziert werden zwischen Orientierung und Information. Damit sind einerseits die Grundwerte gemeint, welche die Schule im Auftrag der Gesellschaft zu vertreten hat, andererseits solche Werte, über die sie nur »informiert«. Die Grundwerte sind bindend und verpflichten die Schule als Institution sowie Lehrerinnen und Lehrer, Schülerinnen und Schüler. Alle weiteren Werte sind möglich, sie sind dem Einzelnen zur Disposition gestellt. Unerlässliches Ziel der Werteerziehung sollte die Einsicht der Heranwachsenden sein, »dass es sich bei den Grundwerten und Grundnormen nicht um Einschränkungen, sondern im Gegenteil um Ermöglichung von Freiheit handelt« (a.a.O., S. 28f.).

- Bei der Konkretisierung der relevanten Werte stellt sich als Voraussetzung und Grundlage für jegliches weitere Vorgehen ein prinzipieller Entschluss, nämlich die Bejahung der Welt und vor allem des menschlichen Lebens.
- Insbesondere das Grundgesetz enthält wesentliche Aussagen für die prinzipiellen Werte und Normen des Pluralismus.

Kooperation/ Solidarität, Gebot der Wahrhaftigkeit

- In zwei Hinsichten sollten die im Grundgesetz aufgenommenen Werte und Normen eine Ergänzung und Erweiterung erfahren, und zwar einerseits die *Kooperation* und *Solidarität* betreffend, zum anderen bezüglich des *Gebots der Wahrhaftigkeit.* Beide Aspekte erfahren vor dem Hintergrund der veränderten gesellschaftlichen Situation eine besondere Bedeutung: Durch die zunehmende Individualisierung, die sich einerseits deutlich z.B. in der hohen Zahl von so genannten »Schaulustigen« mit vollkommen fehlender Hilfsbereitschaft bei Unfällen oder Naturkatastrophen zeigt und andererseits durch die Einführung so genannter »Ich-AGs« ihren gegenwärtigen Höhepunkt erfährt. Ebenso hinsichtlich einer zunehmenden Kriminalisierung unserer Gesellschaft, die sich auch in Vergehen wie Steuerflucht, Versicherungsbetrug oder der Urkundenfälschung ausdrückt.

=> Individualisierung

- Da die Schule auf das private und berufliche Leben in der pluralistischen Gesellschaft vorbereiten soll, muss sie die Schülerinnen und Schüler »über die Vermittlung, Einübung und Festigung der Grundwerte hinaus auf den weiten Bereich der zur Disposition stehenden Werte vorbereiten (schließt sachliche Information ein)« (a.a.O., S. 28f.). Hierbei ist insbesondere die Fähigkeit, selbstständig Entscheidungen zu treffen, in großem Maße relevant für die Vorbereitung auf die pluralistische Gesellschaft.

- neben emotionaler Wärme, die Implementierung eines klaren Regelsystems fundamental für erfolgreiche Werteerziehung in der Schule

3.3.1 *Welche Voraussetzungen sollte die Schule als Institution erfüllen? Die Bedeutung von Schulkultur*

Schulkultur

Erziehung zur moralischen Urteilsfähigkeit kann deshalb erfolgreich nur in einem Raum bzw. einer Umgebung stattfinden, der bzw. die von allen an Schule Beteiligten konsequent auf dieses Ziel hin gestaltet wird. Es sollte für eine schulische Umwelt gesorgt werden, die Schülerinnen und Schülern den Aufbau einer autonomen und verantwortungsvollen moralischen Werthaltung ermöglicht. Voraussetzung hierfür ist nicht zuletzt eine Schule, in der die Heranwachsenden als eigenständige, wertvolle Individuen aufgenommen werden.

Schule als »Haus des Lernens«

So etwas könnte z.B. eine Schule als »Haus des Lernens« sein. Sie

- »ist ein Ort, an dem alle willkommen sind, die Lehrenden wie die Lernenden in ihrer Individualität angenommen werden, die persönliche Eigenart in der Gestaltung von Schule ihren Platz findet,
- ist ein Ort, an dem Zeit gegeben wird zum Wachsen, gegenseitige Rücksichtnahme und Respekt voreinander gepflegt werden,
- ist ein Ort, dessen Räume einladen zum Verweilen, dessen Angebote und Herausforderungen zum Lernen, zur selbsttätigen Auseinandersetzung locken,
- ist ein Ort, an dem Umwege und Fehler erlaubt sind und Bewertungen als Feedback hilfreiche Orientierung geben,
- ist ein Ort, wo intensiv gearbeitet wird und die Freude am eigenen Lernen wachsen kann,
- ist ein Ort, an dem Lernen ansteckend wirkt«

(Bildungskommission NRW 1995, S.86).

Forschungen zum Schulethos und Schulklima

Forschungen zum Schulethos und Schulklima haben wiederholt die Bedeutung dieser Faktoren für die Schulfreude und den Schulerfolge von Schülerinnen und Schülern festgestellt (z.B. Wang et al. 1993; Rutter u.a. 1980; Fend 1998; Jones/Jones 2000). Bereits in der Untersuchung von Rutter u.a. (1980) an zwölf Londoner Schulen hat sich ein deutlicher institutioneller Effekt feststellen lassen, der als *Schulethos* identifiziert wurde. Danach werden die Heranwachsenden eindeutig und in bestimmendem Maße in ihrem sozialen Verhalten durch den normativen »Alltagsstil« einer Schule als Ganzes geprägt. Dieser zeichnet sich durch das Werte- und Regelsystem aus, das von der Mehrheit als grundlegendes Fundament angenommen und in praktischen Verhaltensweisen umgesetzt wird. Als Konsequenz ergibt sich eine *Schulatmosphäre,* die durch einen hohen Grad an normativer Übereinstimmung und an Alltagsdisziplin gekennzeichnet ist.

Schulatmosphäre

Als Grundbedingung hierfür ergaben sich u.a.

- der Führungs- und Unterrichtsstil der Lehrer,
- ein schulischer Grundkonsens bzgl. der Ordnungsregeln und der Disziplinierungsmethoden,
- die Einbeziehung der Schüler in Mitverantwortung,
- ausreichend Zeit für persönliche Gespräche,
- hinreichender Rückhalt der einzelnen Schüler in ihrer Klasse,
- gemeinsame Aktivitäten von Schülern und Lehrern,
- Tutoren-Gremien sowie Schüler-Instanzen zur Schlichtung von Streit,
- Lehrer-Eltern-Gruppen.

Darüber hinaus wurde die besondere Bedeutung hervorgehoben, die dem Schulleiter und den Lehrer/innen im Sinne einer *Vorbild-* und *Kontrollfunktion* zukommt.

Vorbild-/Kontrollfunktion

Somit lässt sich behaupten, dass neben emotionaler Wärme, in der sich Schülerinnen und Schüler willkommen und gut aufgehoben fühlen, die Implementierung eines klaren Regelsystems fundamental für eine erfolgreiche schulische Werteerziehung zu sein scheint.

Beziehungs- und Gesprächskultur

Auch Fend (1998) hat als ein bedeutendes Ergebnis seiner Schulklima-Studien konstatiert: »Besonders vielfältig waren die Ergebnisse zu den Folgen des Schul- und Klassenklimas in der Sichtweise der Schüler für ihre *Haltungen* zur Schule und ihre psychosoziale Entwicklung generell. Die *Beziehungskultur* in der Gestalt des empfundenen Einbezugs in den schulischen Lebens- und Lernprozess und des Vertrauens und der Fürsorglichkeit wirkte sich nachweislich positiv auf die Haltungen zur Schule aus. Die damit gleichzeitig indizierte *Gesprächskultur* stand in deutlichem Zusammenhang mit der Schulfreude bzw. Schulverdrossenheit der Schüler. Hier wurde für mich erstmals überdeutlich sichtbar, welche Bedeutung der *Beziehungspflege* im ›pädagogischen Geschäft‹ zukommt. Das Gefühl, in den schulischen Lebens- und Lernprozess positiv eingebunden zu sein, die Wahrnehmung von Wohlwollen und Fürsorge (Amerikaner nennen dies ›caring‹) korrelierte mit Haltungen des Vertrauens den Lehrern gegenüber und einer Zuwendung zur Schule« (1982).

Klassenklima

Hervorgehoben als eine bedeutsame Erkenntnis ihrer Untersuchung wird von Wang et al. (1993), dass positive soziale Interaktionen zwischen Lehrern und Heranwachsenden nicht allein die Selbstachtung des Schülers unterstützen. Zugleich wird ein positives Zugehörigkeitsgefühl zur Klasse und zur Schule begünstigt und damit die Bereitschaft gefördert, sich mit anderen zur Klasse gehörenden Schülerinnen und Schülern zu identifizieren und die in der Klasse stattfindende gemeinsame Arbeit zu unterstützen. Durch die eigene Selbstachtung traut der Heranwachsende sich selbst etwas zu, er empfindet sich als »kompetentes« Mitglied der Klassengemeinschaft. Voraussetzungen, die erheblich dazu beitragen, dass er sich auch in Zukunft bzw. in größer werdendem Ausmaß bereit erklärt, an der Lösung von Aufgaben und Problemen teilzunehmen. Ein positives Klassenklima begünstigt die Entstehung von gegenseitigem Vertrauen, gleichzeitig unterstützen vertrauensvolle Interaktionen das Klassenklima. Von erheblicher Bedeutung sind dabei die Möglichkeiten zur Partizipation, denn Schülerinnen und Schüler möchten an unterrichtlichen Entwicklungsprozessen teilhaben, sie wollen Verantwortung übernehmen und sich eingebunden fühlen. Die Qualität eines Klassenklimas wird sich daran messen lassen, »inwieweit die Prozesse in der Lernumwelt so ablaufen, dass Bedürfnisse und Erwartungen der Lernenden erfüllt bzw. nicht frustriert werden, so dass ihnen die Konzentration auf die

Aspekte der Unterrichtsqualität

Lernaufgaben möglich wird. Effizienz (im Sinne professioneller Praktiken und Standards) und Klima (im Sinne einer förderlich erlebten Umwelt) bilden daher zwei Aspekte von Unterrichtsqualität, die grundsätzlich in einem Ursache-Wirkungs-Verhältnis zueinander stehen« (Eder 2002, S. 226) (vgl. Jürgens/Standop 2004).

3.3.2 Der Lehrer als Persönlichkeit

Es kann gar nicht oft genug betont werden, dass nicht alles (vermutlich noch nicht einmal das meiste), was erzieherisch wirksam ist, sich auch in unmittelbar feststellbaren Kenntnissen oder Leistungen niederschlägt. Gerade im erzieherischen Bereich zeigen sich stets aufs Neue deutlich die Beschränkungen, wenn es um die Qualifizierung und Quantifizierung des unterrichtlichen Erfolgs geht. Die grundsätzliche Eingeschränktheit bzw. methodologische Schwierigkeit der Messbarkeit pädagogischer Handlungen und Affekte darf jedoch von Lehrerinnen und Lehrern nicht als Grenzen ihres erzieherischen Auftrages und ihres pädagogischen Einflusses missverstanden werden.

Das Bemühen um eine verlässliche Wertorientierung im Unterricht kann nur gelingen, wenn Lehrerinnen und Lehrer die anzustrebenden Werte selbst innerlich anerkennen und vorzuleben in der Lage sind.

Modelllernen/ Identifikation

Die psychologischen Untersuchungen von Bandura u.a. (1974) zum Lernen von Modellen oder auch die psychoanalytischen Beobachtungen zur Identifikation zeigen, dass es gar nicht möglich ist, als Lehrerin oder Lehrer der eigenen Wirksamkeit als Beispiel zu entkommen. Gewollt oder ungewollt werden die Unterrichtenden zu »Modellen«, an denen sich die Kinder und Jugendlichen orientieren. Entscheidend ist daher ein reflektierter Umgang mit dieser Wirkung.

Aufgaben der Lehrenden

Werturteile selbst sind nicht eindeutig zu objektivieren, aber auch nicht beliebig. Deshalb benötigen die Heranwachsenden den Unterrichtenden. Eine grundlegende Aufgabe von Lehrerinnen und Lehrern besteht darin, zwischen den Schülerinnen und Schülern sowie den zu vermittelnden Werten eine mehrdimensionale Beziehung herzustellen. Die Beziehung zwischen Wert, Erziehung und Heranwachsendem kann nach Schröder (1978) folgendermaßen beschrieben werden (in Anlehnung an die »pädagogischen Fundamentalrelationen« von Henz [1971]):

- »Erzieher und Kind sind in gleicher Weise den Werten unterstellt (Gesetz der gemeinsamen Wertunterstellung).

- Der Erzieher steht den Werten näher als das Kind (Gesetz des pädagogischen Gefälles).
- Der Erzieher ist gleichermaßen den Werten verpflichtet und auf das Kind hin geordnet (Gesetz der pädagogischen Liebe).
- Das Pädagogisch-Wesentliche ist die Begegnung von Kind und Wert (Gesetz des pädagogischen Primates der Wertbegegnung).
- Der Erzieher fördert die Kind-Wert-Begegnung durch Hinführung des Kindes zu den Werten und Nahebringung der Werte (Gesetz des pädagogischen Aktes)« (a.a.O., S. 91).

3.3.3 Personaler Bezug

Grundlagen pädagogischer Interaktionen

Für einen wertorientierten Unterricht sind insbesondere die Bereitschaft und Fähigkeiten von Lehrerinnen und Lehrern, pädagogische Interaktionen auf einem *personalen Bezug* aufzubauen, von großer Bedeutung.

Dies bedeutet für Lehrerinnen und Lehrer zuallererst, in ihrem Verhalten den Heranwachsenden gegenüber diese nicht in ihrer personalen Würde zu verletzen.

Verantwortungsübernahme

Berücksichtigung der Individualität

Person-Sein heißt, »dass ich in meinem Selbst-Sein letztlich von keiner anderen Instanz besessen werden kann, sondern mir gehöre« (Guardini 1955, S. 122). Lehrerinnen und Lehrer müssen sich für jeden der ihnen anvertrauten Heranwachsenden verantwortlich fühlen (*Verantwortungsübernahme*). Da allen Menschen von Beginn an die Personalität in gleicher und unverletzlicher Weise zusteht, dürfen Schülerinnen und Schüler nicht lediglich »Objekte« erziehungswissenschaftlichen Verhaltens sein. Mit Beginn ihres Lebens nehmen sie ihr »Eigensein« sowie ihren Eigenwert und damit ihre personale Würde wahr bzw. wünschen sie sich so respektiert und wahrgenommen zu werden. Durch jeden einzelnen unterrichtlichen Vorgang sollte die Bereitschaft von Lehrerinnen und Lehrern, eine persönliche Beziehung zuzulassen, zum Ausdruck kommen, nämlich durch die *Berücksichtigung der Individualität* der Heranwachsenden in ihrer Wertbezogenheit. Insbesondere für eine wertorientierte Erziehung stellt die zwischenmenschliche Beziehung eine – wenn nicht sogar *die* – wesentliche Grundlage dar. Von Lehrerinnen und Lehrern verlangt dies eine ständige Überprüfung sowohl ihres eigenen Selbstverständnisses als auch ihrer Fähigkeit und Bereitschaft, dem Heranwachsenden einerseits sein Eigenrecht auf persönliche Entfaltung zuzubilligen (*Recht auf persönliche Entfaltung*) und ihm andererseits entsprechende *Hilfeleistung* zukommen zu lassen (Schröder 1978, S. 92).

Berufsprofessionalität

Eine fundamentale Voraussetzung wiederum für das pädagogische Können von Lehrerinnen und Lehrern als Bedingung für einen wertorientierten Unterricht stellt ihre *Berufsprofessionalität* dar. Dazu gehören zunächst ihre wissenschaftlichen Kenntnisse und Kompetenzen in Pädagogik und Psychologie im Zusammenhang mit der Schulpraxis (*wissenschaftliche Kompetenz*). So muss stets die Bereitschaft vorhanden sein, sich einerseits mit den neuen wissenschaftlichen Erkenntnissen der Pädagogik und der Psychologie auseinanderzusetzen sowie andererseits deren Übertragbarkeit auf die Schulpraxis zu überprüfen. Darüber hinaus ist dafür zu sorgen, dass das Fachwissen in Bezug auf die zu vermittelnden Unterrichtsthemen stets sachangemessen und auf dem neuesten Stand der entsprechenden Fachwissenschaft ist (*Fachkompetenz*).

pädagogische Freiheit versus pädagogische Verantwortung

Schließlich soll in diesem Zusammenhang auf Oser/Althoff (2001) hingewiesen werden, die sich kritisch mit der »pädagogischen Freiheit« des Lehrers auseinandersetzen und diese in wenigstens drei Hinsichten eingegrenzt sehen möchten »durch das Offenlegen aller Absichten, durch Sensibilisierung für bestimmte Fähigkeiten des Schülers und durch Gerechtigkeit bzw. Fürsorge. Diese Einschränkungen muss er sich allerdings selbst willentlich setzen, was von ihm eine dauernde ›innere Unruhe‹, ein dauerndes Wachsein zu dieser Freiheit bedingt« (a.a.O., S. 142). Zugleich lässt sich das Recht des Lehrers auf Methodenfreiheit nicht von dem Anrecht lernschwächerer Schülerinnen und Schüler auf eine besondere Unterstützung abkoppeln, denn Methoden sind »Lernhilfen. Wo sie nur auf Selektionskriterien zugeschnitten sind, werden sie missbraucht und versagen gegenüber dem moralischen Anspruch, dass jeder Schüler jederzeit wieder eine neue Chance erhält, einen Lernweg zu gehen, der seinen spezifischen Möglichkeiten dient, seine Identität stärkt und die Lust am Lernen erhöht. Gerechtigkeit heißt hier also, Methoden zur Erhöhung der Chancengleichheit in verschiedenen Belangen einzusetzen« (a.a.O., S. 144).

Das Prinzip der Gerechtigkeit und Fürsorge realisiert sich nicht zuletzt an den gleichen bzw. individuell erforderlichen Chancen für Lernmöglichkeiten. »Wenn der eine Lehrer in einer Gymnasialklasse Experimente durchführt und dadurch Schüler durch entdeckendes Lernen hoch motiviert, der andere Lehrer dies mit seiner Klasse nicht tut, dann ist die zweite Klasse benachteiligt. Wenn der eine Sekundarlehrer durch Sprachspiele und Selbstinterpretation von Texten die Schüler für Sprache sensibilisiert, der andere langweiligen Frageunterricht betreibt, dann ist die zweite Klasse benachteiligt. Besonders benachteiligt werden aber jene Schüler, die niemals dazu angehalten worden sind, zu lernen, wie man lernt. Es liegt nicht alles im Ermessen des Lehrers« (a.a.O., S. 143). D.h., die Freiheit der Lehrerinnen und Lehrer, ihr Handeln zu bestimmen, muss an ihre Verantwortung dafür gekoppelt sein, Schülerinnen und

Schüler in ihrem Lernen zu unterstützen, Kommunikation zuzulassen, sinnvolles Lernen zu ermöglichen und Gerechtigkeit auszuüben.

Vertrauen zu den Lernenden

Neben ihrer Rationalität und Transparenz sollten die von einem Lehrer angewendeten Methoden deutlich machen, dass dieser Vertrauen zu seinen Schülern hat. Wenn der Lehrer an seinen Schüler glaubt, ihm zutraut, dass er Verantwortung übernehmen kann, sich an sinnvolle Regeln hält, bestimmte Leistungen erbringen sowie sich selbst Ziele setzen kann und sich mit ihm identifiziert, dann wird der Schüler diese Einstellung auch gegenüber anderen Schülerinnen und Schülern einnehmen. Deutlich wird hieran wieder einmal, dass moralische Erziehung stets am Beispiel und durch die eigene Erfahrung (»Lernen am Gegenstand«) stattfindet.

Interaktions- und Kommunikationskultur

Zur »pädagogischen Professionalität« gehören demnach neben den Aspekten einer lernwirksamen Unterrichtsorganisation auch die Fähigkeiten, die insbesondere die Realisierung des Erziehungsauftrages gewährleisten. Gemeint ist hiermit u.a. der *Aufbau einer Interaktions- und Kommunikationskultur*, in der Wissensvermittlung und Werteerziehung gleichermaßen gültig und anerkannt sind, d.h. ihre wechselseitige Durchdringung als Chance genutzt wird. Dies erscheint besonders wichtig vor dem Hintergrund, Schülerinnen und Schülern eine kritische Einstellung gegenüber den Wertvorstellungen und Werteinstellungen ihrer Umwelt zu vermitteln.

3.3.4 Die persönliche Einstellung des Lehrers

Berufsethos/ positive Grundhaltung

Wertorientierung kann nur durch Lehrerinnen und Lehrer realisiert werden, die sich nicht als »Unterrichtsbeamte« verstehen, sondern den Bildungs- *und* Erziehungsauftrag der Schule zur Grundlage ihres Berufsethos gemacht und eine positive Einstellung dem Leben, der Welt und den Menschen gegenüber haben.

Auf diese Weise

> »wird die innere Sinnbejahung des Lehrers zum tragenden Fundament jeglicher wertorientierter Unterrichtsgestaltung« (Schröder 1978, S. 102).

Charakteristisch für Sinnbejahung ist nach Schröder (a.a.O.),

> »in all den Unerfreulichkeiten des Lebens einschließlich des Berufes auch das Positive zu sehen, sei es in einem Lebensschicksal, das uns unvermutet trifft, oder in einer Schülerreaktion, die uns zur Ver-

zweiflung treiben könnte. Letztlich wird die erzieherische Wirksamkeit eines Lehrers wohl danach gemessen, wie viel tatsächliche Freude (nicht gleichzusetzen mit augenblicklicher Bedürfnisbefriedigung) er in die Welt seiner Schüler bringen konnte«.

psychosoziale Kompetenzen von Lehrenden

Durch Schule initiierte konstruktive Wertorientierung bei Schülerinnen und Schülern kann sich nur dann einstellen, wenn diese ein aufgeschlossenes Verhältnis zu ihren Lehrerinnen und Lehrern aufbauen können, das gegenseitig in der Begegnung von »Person zu Person« stattfindet. Lehrer müssen dafür aufgeschlossen sein, die persönlichen Meinungen und Einstellungen der ihnen anvertrauten Heranwachsenden kennen zu lernen und in die Erziehung zur moralischen Urteilsfähigkeit einzubeziehen (*Interesse*). Zugleich muss die entsprechende Persönlichkeitsreife der Lehrer dem Heranwachsenden Orientierungshilfe und Beispiel bieten können. Grundbedingung für ein derartiges Verhältnis ist es aber, die Anliegen und Interessen der Schülerinnen und Schüler ernst zu nehmen, ihnen Vertrauen zu schenken und gleichzeitig ihr Vertrauen nicht zu enttäuschen (*Kultur des Vertrauens*). »Ein Lehrer, der über psychosoziale Kompetenz verfügt, ist bereit, dem Lernenden sowohl in fachlicher als auch bei persönlichen Angelegenheiten kompetent zur Seite zu stehen. Er blamiert Lernende nicht vor anderen, nützt ihre Schwächen nicht aus, hält gegebene Versprechen ein, wirkt nicht arrogant, interessiert sich für die Belange der Lernenden, ist an ihrem Lernerfolg wirklich interessiert, nimmt sich Zeit für sie, kann auch Unwissenheit zugeben, ermutigt zu freier Meinungsäußerung, ist bei fachlichen Problemen ansprechbar u.v.m.« (vgl. Breinbauer 1997 zitiert nach Jürgens/Standop 2004, S. 175).

Als Summe seiner pädagogischen Erkenntnisse hat Hartmut von Hentig beschrieben, dass

> »Personen die nachhaltigste Erfahrung in der Schule (seien), dann, mit langem Abstand, folgen erst Gedanken und Gegenstände, die durch die Personen, Texte, Sammlungen und Projekte vermittelt werden. … Wichtiger als diese Gegenstände und Anlässe des Lernens selbst ist doch allemal, wie Menschen mit ihnen umgehen, und dafür bleibt der Lehrer die erste und eindrücklichste Probe« (1973, S. 35f.).

Lehrerpersönlichkeit und Unterrichtserfolg

Die eigene Betroffenheit durch die Gegenstände, die Lehrerinnen oder Lehrer lehren, ihr eigenes Erkenntnisinteresse, die eigene begriffliche Kraft und Liebe zur Sache sowie ihre Fähigkeit, das eigene Fachwissen bildend zu präsentieren, sind letztlich die maßgeblichen Parameter für ihren unterrichtlichen Erfolg. Die bildende Wirkung von Schulunterricht ist – nicht nur hinsichtlich der Werteerziehung, wenn auch hier im Besonderen – auf die grundlegende Bedeutung der Persönlichkeit von Lehrerinnen und Lehrern angewiesen und auf ihre Kompetenz, den Lehrplan in eigener Verantwortung, pädagogisch und didaktisch begründet, umzusetzen.

»Ein Werteverfall kommt nicht, weil Gesellschaften sich in einem permanenten Veränderungsprozess befinden. Er kann nur eintreten, wenn die Einzelnen, die das Weltwissen vermitteln, verantwortungslos sind« (Baumert u.a. 2002, S. 191).

3.3.5 *Kooperation zwischen Schule und Elternhaus*

Kooperation als Erfolgsbedingung

Setzen sich eine Schule als Ganzes oder auch einzelne Lehrerinnen und Lehrer das Ziel, die moralische Urteilsfähigkeit ihrer Schüler durch eine entsprechende Werteerziehung zu befördern, sollten sie sich darüber im Klaren sein, dass die gleichzeitige Kooperation mit dem Elternhaus einen wesentlichen Gelingensfaktor hierfür darstellt. Insbesondere die Aspekte der Modellwirkung moralischen Verhaltens sind in ihrer Wirksamkeit sicherlich auf die Übereinstimmung von Schule und Elternhaus angewiesen. Aber auch Überlegungen und Fragestellungen, die sich im Anschluss an Dilemmadiskussionen (vgl. Kapitel 4.5) oder andere wertorientierte Fragestellungen in der Schule ergeben, werden im Elternhaus möglicherweise offener und bewusster aufgenommen, wenn Eltern über diese Methoden und das Konzept der Schule/des Lehrers informiert sind. Zwar sollte schulische Werteerziehung nicht auf die »Mitarbeit« des Elternhauses angewiesen sein und wird in einer Reihe von Fällen auch vollständig auf die Kooperation mit diesem verzichten müssen, dennoch sollte die Schule die Eltern über ihre Pläne und die Bedeutung der schulischen Werteerziehung informieren.

Gestaltung der Kooperation

Wichtig für eine Kooperation zwischen Schule und Elternhaus ist,
- die Absicht der geplanten schulischen Werteerziehung mitzuteilen,
- zu erläutern, was schulische Werteerziehung bedeutet,
- die verschiedenen Methoden darzustellen, mit denen die schulische Werteerziehung befördert wird bzw. werden soll, z.B. über die Modellwirkung, die Verantwortungsübernahme, die Methode der Dilemmadiskussion, die Gerechte Gemeinschaft (vgl. Kapitel 4.6).

Gemeint mit Kooperation ist *nicht*, dass die Eltern die Aufgaben der Lehrer zu Hause weiterführen oder möglicherweise mit gut gemeinten »Moralpredigten« das Thema für die Schülerinnen und Schüler zu einem leidigen werden lassen. Dennoch kann beispielsweise die Idee der altersgemäßen Verantwortungsübernahme in gewissem Maße auch auf Aufgaben im Elternhaus übertragen werden und die Eltern sollten sich in ihrem eigenen Verhalten ihrer Wirkung als Beispiel für ihre eigenen und fremde Kinder und Jugendliche bewusst sein.

3.4 Werteerziehung im Unterricht

Ziele/Merkmale wertorientierten Unterrichts

Nach Feil (1974) ist wertorientierter Unterricht als erziehender und normativer Unterricht an folgenden Merkmalen zu messen:

- »ob er dazu verhilft, die Wirklichkeit besser zu gestalten,
- ob die jeweils zugrunde liegende theoretische Konzeption und die praktische Konstellation kritisierbar sind und bleiben,
- ob die individuelle und gesellschaftliche Emanzipation der Heranwachsenden gefördert und unterstützt wird,
- ob er ein sozial-gesellschaftliches (ethisches) Bewusstsein und Engagement der Heranwachsenden fördert und unterstützt und
- ob die zugrunde liegenden Normen transparent werden und bleiben« (a.a.O., S. 27f.).

Neben der Einsicht über die absolute Gültigkeit unserer Grundwerte ist daher ein Ziel des wertorientierten Unterrichts die kritische Einstellung gegenüber den Realitäten unserer Welt in Bezug auf Wertanspruch und Wertgeltung oder dem Anspruch auf Wertefreiheit.

3.4.1 Die Kohärenz von wertorientierendem und Fachunterricht

Untrennbarkeit von Unterricht und Erziehung

Wird Erziehung als ein Prozess verstanden, durch den Kinder und Jugendliche zu Haltungen und Einstellungen gelangen, kann dieser weder gegenstandsunabhängig gedacht noch durchgeführt werden. Eine Haltung »an sich« zu »nichts« ist unsinnig und Erziehung somit auf die Bemühungen um ein Objekt angewiesen. Dies gilt insbesondere für die schulische Erziehung, denn Lehrer und Heranwachsende können nicht über »nichts« kommunizieren, sondern dazu bedarf es einer Fragestellung, eines Themas oder eines Anlasses, der nach Klärung verlangt. Unterricht und Erziehung sind somit in der Schule untrennbar. Der Unterricht stellt den Weg dar, auf dem die Heranwachsenden herangeführt werden sollen, die Ebene des Vorurteils zu überwinden und zu begründeten Urteilen zu gelangen.

Für die Möglichkeit von Schülerinnen und Schülern, das Bilden von Werturteilen bzw. ihre moralische Urteilsfähigkeit zu »trainieren«, ist

Unterricht daher der angemessene Ort. Dort haben sie die Gelegenheit, sich in methodischer Weise mit ausgewählten Gegenständen auseinanderzusetzen, ohne dass sie selbst oder ihre Mitmenschen die Folgen dieser Urteile in der Regel tatsächlich tragen müssen. Soll Unterricht also der Ergänzung von Umgang und Erfahrung dienen und demzufolge diesen Sachzwängen enthoben sein, muss er organisatorisch als jene Gelegenheit aufgefasst werden, bei der Schülerinnen und Schüler in ausgedehnter Form im ästhetischen Sinne erkennen und werten lernen können. Das heißt aber auch, die Diskussion ethischer Fragen gehört dahin, wo sie entstehen, d.h. in die Zusammenhänge des Fachunterrichts und somit verbietet sich von selbst die isolierte Konzeption der Werteerziehung in einem eigenständigen Schulfach.

Unterricht als Ort der Wertorientierung

Werten muss als ein Unterrichtsprinzip aufgefasst werden, das für jeden Unterricht gilt.

Auseinandersetzung mit Werten als generelles Unterrichtsprinzip

Vor diesem Hintergrund sind die Schulfächer aus erzieherischer Perspektive als Anlässe für die Schülerinnen und Schüler zu verstehen, zu einem begründeten Selbst- und Weltverständnis zu finden. Indem der Heranwachsende sich mit unterrichtlichen Fragestellungen befasst, wird er mit Wertdeutungen in Gestalt von Inhalten, ihrer Akzentuierung sowie kontextueller Darstellung konfrontiert. Durch die Auseinandersetzung mit diesen Werten werden Schülerinnen und Schüler in die Lage versetzt, ihre bisherigen Werthorizonte neu zu ordnen. Dies setzt allerdings die Organisation eines Fachunterrichts voraus, der dem Aspekt der Wertorientierung ausdrücklich Rechnung trägt. Das heißt, über die Vermittlung von Kenntnissen hinaus wird nicht allein die Person des Schülers in seiner gegenwärtigen Rolle, sondern ebenso der in Zukunft selbstbestimmt und verantwortlich agierende Mensch berücksichtigt. Wertorientierung im Unterricht bedeutet daher, dass über die Organisation fachlicher Erkenntnisse hinaus die Heranwachsenden mit Fragen des »Wozu« sowie der moralischen Zulässigkeit dieser Erkenntnisse konfrontiert werden:

> »Denn was mit dem jeweiligen Wissen anzufangen ist bzw. in die Wege geleitet werden darf, das wird durch dieses Wissen eben gerade nicht beantwortet. Im Gegenteil werden diese Wertfragen durch die sachlichen Resultate erst aufgeworfen« (Fees 2000, S. 337).

Nach Adam/Schweitzer (1996a) können der Suche nach tragfähigen Möglichkeiten ethischer Erziehung im Fachunterricht folgende Fragestellungen zugrunde gelegt werden:

- »Wie verhalten sich fachwissenschaftliche Aussagen und ethische Urteile sowie moralische Handlungsweisen zueinander?
- Wie kann der Zusammenhang von Fachunterricht und ethischer Urteilsfähigkeit hergestellt und bearbeitet werden?
- Welchen Beitrag zur ethischen Erziehung vermögen die verschiedenen Fächer im Einzelnen zu leisten?
- Wie müssen Schule und Unterricht (um)gestaltet und strukturiert werden, um gute Bedingungen für ethische Erziehung zu bieten?« (a.a.O., S. 35f.).

3.4.2 Die Bedeutung der Selbsttätigkeit für die Entwicklung von moralischer Urteilsfähigkeit

Respekt vor den Bedürfnissen der Heranwachsenden

Kinder und Jugendliche übernehmen umso stärker Orientierungen, je eher sie ein vertrauensvolles Verhältnis zu Bezugspersonen – Eltern oder Lehrer – entwickeln konnten. Die Genese eines vertrauensvolles Verhältnisses setzt aber den unentbehrlichen *Respekt* vor den Bedürfnissen der Heranwachsenden voraus.

> Denn der Respekt der Schülerinnen und Schüler vor dem Leben anderer, dem Leben als solches, ist in hohem Maße an die Erfahrung gebunden, dass ihr eigenes Leben, physisch ihr Körper, psychisch und sozial ihre Person, respektiert werden, Anerkennung erfahren und also »Wert« sind. Wird das eigene Leben als »wertvoll« erfahren, wird der Wert »Leben« grundsätzlich akzeptiert und in die persönliche Wertehierarchie eingebunden.

Bedeutung eigener Erfahrungen

Das heißt, im Mittelpunkt der Entwicklungen von Werthaltungen, der Lebenshaltungen steht somit die eigene positive Erfahrung. Ohne die aktive Auseinandersetzung mit einem Lerngegenstand eignen sich Schülerinnen und Schüler lediglich leere Worthülsen an. Nur in der praktischen Erfahrung im sozialen Miteinander und mit Problemen im sozialen Bereich sehen Schülerinnen und Schüler überhaupt die Notwendigkeit, und dann die Möglichkeit, moralische Kriterien zur Lösung sozialer Konflikte zu entwickeln. Diese Kriterien sind entwicklungsabhängig und sie sind Ausdruck einer übergreifenden Denkstruktur des jeweiligen Kindes. Auch die scheinbar rein kognitiv reflektierten Werte-Konflikte werden vor dem Hintergrund der eigenen Biographie verarbeitet, und die ist von Emotionen durchzogen (Standop 2002).

Werteerziehung ist daher nur erfolgreich im Sinne autonom verinnerlichter Werte, wenn Unterricht diese affektiv geprägten Erfahrungen aufgreift. Neben der Forderung, dass Erfahrung und Reflexion schulisch zu verbinden sind, gilt noch ein weiteres, bereits angesprochenes didaktisches Erfordernis:

> »Moralische Bindung findet nur dann statt, wenn die Konfliktlösung seitens der Lehrer nicht vorgegeben oder auch nur nahegelegt wird. Lehrer dürfen hier nur sokratische, mäeutische Haltungen einnehmen« (Preuss-Lausitz 1994, S. 461).

Verantwortungsübernahme und angeleitete Reflexion

Lind (2003) berichtet über Untersuchungsergebnisse, nach denen die Gelegenheit zur Verantwortungsübernahme wie auch zur angeleiteten Reflexion eine große Bedeutung für das moralische Lernen hat. »Nach allem, was wir wissen, ist es also weniger ein bestimmter Fachinhalt, der die Entwicklung moralischer Fähigkeiten im Studium (und während der Schulzeit) fördert, sondern es sind die zeitlichen Freiräume gepaart mit einem Angebot für Verantwortungsübernahme und angeleitete Reflexion und Beratung, die für die Moralentwicklung besonders wichtig zu sein scheinen« (a.a.O., S. 66). Wie bereits angesprochen, erwachsen Wertbindungen aus Erfahrungen vor allem der Selbstbildung und eben nicht aus rational-argumentativen Rechtfertigungen. Wertbindungen gehen mit Emotionen und Affekten einher, d.h. die bloße Kenntnisnahme von Werten erzeugt keine Bindung. Das Wissen um alternative Wertangebote erschüttert nicht notwendigerweise vorhandene Bindungen, denn die moralische Grundlegung ist auf die intellektuelle *und* die moralische Erfahrung angewiesen.

Intellektuelle und moralische Erfahrung

Die Vielfalt der Lebensoptionen des Pluralismus gefährdet somit nicht zwangsläufig die Entstehung von Wertbindungen, mit Sicherheit wird allerdings die Art der Bindungen beeinflusst. So sind Individuen häufiger bereit, ihre Wertvorstellungen zu ändern und die Wertansprüche verändern sich möglicherweise von ideellen Vorstellungen stärker zu materiellen Wünschen hin. Da die Grundlagen zur Werteentwicklung und Wertebildung als Erfahrungen erlebt werden, müssen diese von Lehrerinnen und Lehrern professionell unterrichtlich vermittelt und organisiert werden, wenn Schule ihren Auftrag zur Werteerziehung erfüllen soll. Von entscheidender Bedeutung ist dabei der Grundsatz, dass Lehrerinnen und Lehrer nur überzeugend lehren können, was in der Erfahrung der Kinder und Jugendlichen vor- und unterkommt.

3.4.3 Kriterien eines wertorientierten Unterrichts

- Wertorientierung im Unterricht intendiert, dass Schülerinnen und Schüler sich aus einem subjektiven Fragehorizont heraus mit spezifi-

Orientierung

schen Gegenständen auseinandersetzen und sich auch begründet dazu äußern. Die subjektive Sichtweise über einen Sachverhalt kann aber nur verlassen werden durch den Zugewinn objektivierter, wissenschaftlich begründeter Kenntnisse hierüber, ebenso wie begründete Äußerungen auf ein möglichst fundiertes Sachwissen angewiesen sind. Dieses objektive, an den Fachunterricht gebundene Wissen kann erst zum Ende einer Unterrichtsstunde, eines Lehrgangs, einer Unterrichtseinheit von Lehrerinnen und Lehrern vorausgesetzt werden. Daher kann auch die Wertorientierung systematisch erst mit dem *Vorhandensein* der *objektiven Sachkenntnisse* zu diesem Zeitpunkt erfolgen.

Kontinuität

- Wirksame Werteerziehung muss sich über viele Wochen und viele Problembearbeitungen erstrecken. Kurzzeitige Werte-Thematisierung hat praktisch keine Effekte.
- Die Reflexion über Werte fordert ein interaktionistisches Lernkonzept, in dem die lernenden Schülerinnen und Schüler ihren eigenen Lernprozess aktiv konstruieren. Die objektiven Anforderungen und subjektiven Bedürfnisse müssen in einem Prozess lebendiger Interaktion gemeinsam vermittelt oder miteinander verknüpft werden. Lehrerinnen und Lehrer müssen ihren Unterricht so organisieren, dass den Heranwachsenden die Partizipation an Entscheidungen für den Unterricht und in den Unterrichtsprozessen ermöglicht wird.

Einfluss auf die Konfliktlösung und Verantwortung

- Konventioneller Ethik- oder Sozialkundeunterricht hat keine dauerhaften Effekte auf das Niveau wertorientierten Urteilens. Dies kann nur über das Angebot bzw. die Erfahrung moralischer Konflikte verändert werden. Wirksam ist vor allem die Erfahrung, wirklich *Einfluss auf die Konfliktlösung* und damit *Verantwortung* zu haben.

> Werden beispielsweise Möglichkeiten der Beteiligung und Verantwortung bei der Lösung anstehender Konflikte und Probleme in der eigenen Arbeitsgruppe, Klasse oder Schule eröffnet und gemeinschaftlich erarbeitete Lösungen auch tatsächlich verwirklicht, gibt es keine letzt-verantwortliche Autorität (z.B. der Klassenlehrer, der Schulleiter), die sich die Entscheidungen vorbehält. In diesem Fall ist wertorientiertes Urteilen kein unverbindliches moralisches Argumentieren, denn die Argumente fließen in Entscheidungen ein, die gelten und zu verantworten sind.

- Unterricht dient der Bildung der Schüler. Dem gemäß heißt Wertorientierung, Schülerinnen und Schüler einerseits in ihrer individuellen Urteilskraft herauszufordern, aber sie andererseits nicht einem beliebigen Subjektivismus zu überlassen. Damit einher geht die Aufgabe an Lehrerinnen und Lehrer, die Heranwachsenden *altersgemäß* bzw. *ihrem jeweiligen Lernstand entsprechend* an jene strittigen Themen wie auch Antagonismen heranzuführen, wie sie in den Wissenschaften bzw. in der Gesellschaft diskutiert werden.

Einheit von Unterricht und Erziehung

- Wertorientierender Unterricht hat die Aufgabe, die Schülerinnen und Schüler eben nicht nur zu Wissen und Können, sondern in der Auseinandersetzung mit den thematisierten Unterrichtsgegenständen auch zu Einstellungen und Haltungen zu führen. Das kann nur in einem Unterricht erreicht werden, der von der Einheit von Unterricht und Erziehung ausgeht. Die Art und Weise, wie der Heranwachsende die unterrichtlichen Erkenntnisse für sich selbst interpretiert wird hierbei gerade nicht vorweggenommen. Vielmehr kommt durch diesen Unterricht das Recht der Schülerinnen und Schüler zum Ausdruck, in *eigener Aktivität* und *Verantwortung über* ihr *Selbst- und Weltverhältnis* zu *verfügen*.

Lehrende als Modelle

- Meinungsstreit ist notwendig. Dabei ist zu berücksichtigen, dass die Argumente von Mitschülern häufig stimulierender sind als die von Lehrerinnen und Lehrern. Nicht der Konsens ist allerdings Ziel eines Meinungsstreits, sondern es geht darum, dass die Heranwachsenden Einsicht in die moralischen Rechte eines größer werdenden Kreises von Betroffenen gewinnen.
- Werteerziehung ist an die Argumentation gebunden und vollzieht sich in gegenseitiger Auseinandersetzung.

  Aus Gründen der pädagogischen Relevanz soll noch einmal hervorgehoben werden, dass es einen wertfreien Unterricht nicht gibt und daher Lehrerinnen und Lehrer *ihre Werthaltungen* vertreten sollten. Hat Unterricht das Ziel wertorientiert zu sein und den Schüler zu begründeten Urteilen heranzuführen, darf die Lehrerin oder der Lehrer die ihrigen/seinigen nicht verbergen. Erziehung bleibt an die Notwendigkeit personaler Auseinandersetzung gebunden, deshalb hat der Heranwachsende ein Recht darauf zu erfahren, wo der Lehrer steht. Allerdings muss letzterer hierbei die eigene Subjektivität zum Ausdruck bringen und die eigene Meinung nicht als Norm bzw. als verbindliche setzen.

  Darüber hinaus können Lehrerinnen und Lehrer *nicht nicht Modell* für die Heranwachsenden sein, aber sie können sehr wohl ein gutes oder ein schlechtes bzw. ein starkes oder ein schwaches sein. In ihren Werturteilen setzen sie sich der Diskussion aus, wie die Schülerinnen und Schüler sie an ihren eigenen Maßstäben messen werden. Überzeugen wird hier jene Person, bei der verbal vertretene wie auch tatsächlich repräsentierte und gelebte Werte übereinstimmen.
- Die *Selbsttätigkeit* als Prinzip der Werteerziehung ermöglicht Schülerinnen und Schülern die sachliche Unterrichtsaufgabe umzuwenden

und nach deren Bedeutung für die eigene individuelle und soziale Lebenspraxis zu fragen. Dabei gelangen die Heranwachsenden zu unterschiedlichen Wertzuschreibungen und -urteilen. Gerade die Selbsttätigkeit trägt der Erkenntnis Rechnung, dass der Mensch den Vollzug von Bildung nur selbst zu leisten vermag. Maßgebliche Aufgabe von Lehrerinnen und Lehrern ist es hierbei, die Begegnung zwischen Schülern und Gegenstand professionell vorzubereiten und den jeweiligen individuellen Bedürfnissen der Heranwachsenden entsprechend angemessene Hilfestellung zu leisten.

fächerübergreifender Unterricht

- Werteerziehung bedingt *fächerübergreifenden* Unterricht. Die Bedeutung eines Sachverhalts für die eigene Lebensführung lässt sich erst dann einigermaßen einschätzen, wenn die Sache selbst aus verschiedenen, lebensrelevanten Perspektiven betrachtet wird. Aufgabe von Lehrerinnen und Lehrern ist es deshalb, die Schülerinnen und Schüler durch fachübergreifende Unterrichtsgestaltung zu dieser mehrperspektivischen Betrachtungsweise zu führen.
- Im Rahmen einer *wertenden Synthese* sollten regelmäßig die verschiedenen thematischen Aspekte zusammengefasst werden im Sinne eines Überschauens vollzogener Handlungen, um hierdurch zu erneuter Analyse bereit zu sein.

»Wert-Wollen«

- Da Unterricht bilden soll, müssen Schülerinnen und Schüler als Subjekte herausgefordert werden. Nur wenn die Heranwachsenden den behandelten Unterrichtsgegenstand zur *eigenen Fragestellung* gemacht haben, findet auch eine wirksame Auseinandersetzung statt, andernfalls wird der Unterricht den Schüler nicht erreichen und Bildung nicht stattfinden können. Nur ein Lernen, welches das Selbst- und Weltverhältnis nicht unberührt lässt, kann zu Werten bei den Heranwachsenden führen. Daher besteht eine Grundvoraussetzung des wertorientierten Unterrichts darin, das subjektive »Werten-Wollen« des Schülers zu berücksichtigen. »Ein bildender Unterricht hat die Wertdimension explizit zu integrieren. Werten stellt damit kein Additum eines Unterrichts dar, sondern selbst ein Unterrichtsprinzip, das für jedes Fach gilt« (Fees 2000, S. 334).

subjektive Bedeutsamkeit des Gegenstands

- Im Gegensatz zum Erkennen zeichnet sich das Werten dadurch aus, dass die *subjektive Bedeutung des Gegenstandes* aktiviert wird. Ein Objekt, welches abgesehen vom Erkennen aus der Sicht des Subjekts nicht dazu veranlasst, dieses in eine Relation zu möglichem eigenem Handeln zu stellen, fordert ebenso wenig zum Werten heraus. Können die Schülerin oder der Schüler jedoch eine Sachfrage unmittelbar auf potenzielle Handlungskontexte beziehen, werden sie hierdurch in höherem Maße zu einer Stellungnahme veranlasst. Deutlich wird, dass das Ausmaß, in dem ein Objekt dazu motiviert, Stellung zu beziehen, von der Nähe bzw. Distanz der betreffenden Fragestellung zum Erkenntnisinteresse des Subjekts abhängt. Von Lehrerinnen und Lehrern ist in der Unterrichtsvorbereitung und -gestaltung darüber hinaus zu berücksichtigen, dass das Erkenntnisinteresse des Subjekts wiederum an das Lebensalter gebunden ist.

- Die Möglichkeit, Werturteile zu bilden, ist auf *konkrete Objekte* angewiesen. Und ebenso kann ein Gegenstand hinsichtlich verschiedener Wertbereiche überprüft werden, beispielsweise inwiefern der thematisierte Sachverhalt ästhetisch, ökonomisch, biologisch, politisch relevant ist.

  Werturteile anhand von konkreten Objekten

  Eine Reflexion über Werte sollte daher grundsätzlich gegenstandsorientiert stattfinden:

  > »Die Isolierung der Wertedimension von den Dimensionen der Realität würde die Gefahr von bloßer Gesinnungsethik und sachfremder Emotionalität provozieren. Denn die Frage nach – zum Beispiel der Verantwortbarkeit der Kernkraft oder der Gentechnik kann nicht ausgelagert werden in gegenstandsfremde Räume, sondern muss auch Sache der Physik und der Biologie sein. Wertebildung gehört also auch in die naturwissenschaftlichen Fächer der Schüler. Andernfalls hätten die einen die so genannte Sachlogik monopolisiert und die anderen die Moral, ohne dass die Spannung zwischen ihnen ausgetragen würde« (Reinhardt 1999, S. 155f.).

- Wertorientierung im Unterricht ist nicht auf spezielle Unterrichtsgegenstände und auch nicht auf spezielle Unterrichtsformen angewiesen. Hiermit ist lediglich eine bestimmte Art der Führung angesprochen, die insbesondere die *subjektive Stellungnahme* im Rahmen des Lernprozesses zum Ziel hat.

  Art der Führung

demokratisches Wertekonzept

Durch Erfahrung wird die curriculare Auseinandersetzung nicht überflüssig, denn der inhaltliche Diskurs über existenzielle Themen, über Fragen der historisch gewachsenen Sinnsysteme, der Religionen, Weltanschauungen und Kulturen stößt einerseits bei Schülerinnen und Schülern auf großes Interesse, vor allem wenn die betreffenden Fragestellungen mit individuellen Lebensfragen und -konflikten der Heranwachsenden verbunden sind, und fördert andererseits auch die Schaffung eines eigenen demokratischen Wertekonzepts. Wie bereits angesprochen, ist die Notwendigkeit eines wertorientierten und wertorientierenden Unterrichts eine Konsequenz des weltanschaulichen Pluralismus in der Gesellschaft. Die in dieser Gesellschaft heranwachsenden Schülerinnen und Schüler sollen durch Erziehung lernen, sich in einer Vielzahl von gegensätzlichen Werteordnungen zurechtzufinden. Der wesentliche Aspekt für die Erziehung besteht in der von den Heranwachsenden frei zu wählenden, aber auch selbst zu verantwortenden Entscheidung.

Urteilen lernen

Schülerinnen und Schüler müssen die Möglichkeit haben urteilen zu lernen, d.h. in Ansehung eines Sachverhaltes »Stellung« zu beziehen, bzw. sich selbst zu bestimmen. Nur durch die Gelegenheiten, Entscheidungen zu treffen, kann die Übernahme von Verantwortung gelingen und die Fähigkeit zur Selbsterziehung entwickelt werden.

Darüber hinaus gilt:

Kompromissfähigkeit erlernen

Schülerinnen und Schülern müssen das Gleichgewicht finden zwischen der Durchsetzung individueller Motive und der Anerkennung der individuellen Wünsche und Hoffnungen aller anderen. Ihnen dabei zu helfen, ist eine grundlegende Aufgabe der Werteerziehung und von Lehrerinnen und Lehrern, die selbst davon überzeugt sein müssen, dass Toleranz, Pluralismus und Vielfalt eine Bereicherung für ihr Leben und das gesellschaftliche Leben sind.

Zusammenfassende Statements

Thesen zur Wertebildung

Folgende **Thesen zur Wertebildung** sollen die Darstellung der Werteerziehung im Unterricht abschließen:

- In einer modernen Gesellschaft muss Werteerziehung reflexiv erfolgen, denn nur die gemeinsame Vergewisserung, also die aktive Leistung von Individuen, kann Orientierungen ermöglichen. Werte müssen selbst erlebt werden, sonst existieren sie für den Einzelnen tatsächlich nicht. Daran schließt sich die erforderliche Verarbeitung von Erfahrung an. Auch bedarf die erfolgreiche Werteerziehung der zeitgemäßen Artikulation dieser Werte.
- Erziehung als Hilfe zur Persönlichkeitsbildung ist grundsätzlich wertorientiert, denn sie hat den Anspruch, Orientierungshilfe sowie Werterhellung zu leisten und ihre Absicht ist die Wertverwirklichung in der autonomen Persönlichkeit.
- Als wichtige Teilaufgaben der Schule ergeben sich, die Erziehung zur
  - Selbstständigkeit,
  - Fähigkeit der Übernahme von Verantwortung,
  - Politikfähigkeit,
  - Demokratiefähigkeit,
  - moralische Urteilsfähigkeit.
- Das Ethos einer Schule in seiner hohen Bedeutung für die Schulfreude und den Schulerfolg von Schülerinnen und Schülern zeichnet sich

durch das Werte- und Regelsystem aus, das von der Mehrheit als grundlegendes Fundament angenommen und in praktischen Verhaltensweisen umgesetzt wird.
D.h. auch, dass das Schulleben selbst dem Werte-Bezug einer Gesellschaft entsprechen muss, denn Wertevermittlung geschieht nun einmal durch den institutionellen Charakter der Bildungseinrichtungen. Ebenso verhalten sich Schülervertretung, Schulgemeinde, die Verkehrs- und Interaktionsformen in Schule und Unterricht nicht neutral, sondern drücken Werte-Bezüge aus. Achtung und Solidarität, Anerkennung und Wertschätzung werden im Umgang von Menschen gelebt oder missachtet. Ihre Berücksichtigung unterstützt in jedem Fall die Autonomie der Schülerinnen und Schüler sowie den Aufbau einer »wertebewussten« und Werte achtenden Persönlichkeit. »Die Fähigkeit zur Politik, zum Mitdenken und Mitentscheiden in der *res publica*« (v. Hentig 1999, S. 97/98).

- Wichtigstes Kriterium für den Umgang der Lehrerinnen und Lehrer mit ihren Schülern ist, die Heranwachsenden niemals in ihrer personalen Würde zu verletzen.
- Lehrerinnen und Lehrer selbst stellen die Repräsentanz und Akzeptanz von Werten dar und lösen Werteerfahrungen aus. Lehrerinnen und Lehrer geben den Heranwachsenden Beispiele, d.h., sie müssen stets vor sich und anderen ihr Verhalten rechtfertigen können und sich über die Konsequenzen ihres Verhaltens im Klaren sein (das betrifft auch die gern bagatellisierten so genannten »Kavaliersdelikte«!).
- Wertorientierungen sind auf Faktenwissen angewiesen und müssen mit den jeweiligen Inhalten verbunden werden. Die unterrichtliche Auseinandersetzung mit Normen und Werten hat im Rahmen von Allgemeinbildung zu erfolgen und sollte nicht in separate Fächer oder Unterrichtseinheiten – z.B. in den Religions- oder Ethikunterricht – abgeschoben werden.
- In der öffentlichen Schule müssen sich soziale und kulturelle Identitäten so miteinander entwickeln können, dass neben allen Unterschieden Gemeinsamkeiten gefunden werden können. Daher sind Aufteilungen von Lerngruppen nach Geschlecht, sozialer Herkunft, regionaler Zugehörigkeit oder politischer Loyalität wenig sinnvoll, ebenso eine Trennung nach religiöser Überzeugung. Im Gegenteil gerät Schule durch diese Aufgliederung in Gefahr, das Problem der Gesellschaft zu reproduzieren, sodass ihre verschiedenen Teilgruppen nicht zusammenfinden. Wertekonsens ist darüber hinaus mit rigiden Religionen nahezu unvereinbar, »weil der an dem ›Sinn‹ hängt, den man dem Leben gibt, und der ist in den verschiedenen Religionen notwendig und deutlich verschieden, sonst gäbe es sie nicht. Wertekonsens ist auch mit einer wertneutralen Lebenskunde oder einer

philosophischen Ethik nicht zu haben: Sie stiften keine Werte; die eine beschreibt sie, die andere erklärt sie mithilfe ihrer Voraussetzungen« (v. Hentig 1999, S. 134f.).

- Werteerziehung steht nicht als Forderung nur für diesen oder jenen Unterricht, denn jegliche Auseinandersetzung mit Objekten oder Verhaltensweisen beinhaltet einen Werte-Bezug – eine so genannte »Wertefreiheit« ist schlichtweg nicht möglich. Aus diesem Grund handelt es sich bei Wertorientierung um ein durchgängiges *Unterrichtsprinzip*, das die pädagogische Verpflichtung hat, Schülerinnen und Schüler zur Selbstbestimmung zu führen. Wertorientierung ist somit nicht (nur) die Aufgabe von speziellen Fächern.
  Aus der entwickelten Selbstbestimmung wiederum folgt die Fähigkeit des Individuums, sein Selbst- und Weltverständnis eigenständig zu gestalten.

Nahezu in jeder Hinsicht spielen persönliche Bindungen eine maßgebliche Rolle. Dieser Sachverhalt sollte ein entscheidendes Kriterium für Lehrerinnen und Lehrer bei der Wahrnehmung ihres pädagogischen Selbstbildes sein.

»Die Erziehung zu reifem moralischem Handeln ist also eine schwierige Aufgabe, die durch erleuchtende Predigten oder unterrichtsorganisatorische Tricks nicht zu bewältigen ist. Sie verlangt zuallererst vom Lehrer moralische Überzeugung. Sie erfordert zweitens Klarheit über diejenigen Aspekte der moralischen Entwicklung, die auf einer bestimmten Entwicklungsstufe zu stimulieren sind; und sie verlangt drittens Kenntnis geeigneter Methoden, mit Kindern über Moral zu sprechen. Das wichtigste Gebot der Moralerziehung ist jedoch, dass der Lehrer genau zuhört, wenn die Schüler über Moral diskutieren. Der Lehrer muss sich mit dem Moralverständnis des Kindes (und mit der Beziehung zwischen diesem Verständnis und dem Verhalten des Kindes) beschäftigen, und nicht damit, ob Verhaltensweisen und Werturteile des Kindes mit seinen eigenen übereinstimmen« (Kohlberg/Turiel 1978, S. 79f.).

4. Wie kann Werteerziehung erfolgreich in der Schule stattfinden?

4.1 Didaktische Prinzipien

Wertorientierte Unterrichtsgestaltung unterscheidet sich im Allgemeinen nicht grundlegend von anderen Unterrichtsvorhaben, allerdings bestehen wesentliche Unterscheidungsmerkmale in der Zielentscheidung sowie Themenstellung. Ein grundlegendes Ziel wertorientierten Unterrichts soll darin bestehen, dass junge Menschen lernen, ihre Umwelt sowie ihre gesellschaftliche Situation überhaupt wahrzunehmen. Hierfür muss die Befangenheit aus einer ich- oder wir-zentrierten Lebenswelt gelöst werden. Die Wahrnehmung der Wirklichkeit setzt darüber hinaus die Fähigkeit zum kritischen Differenzieren voraus. Aus eigener Anschauung kennt niemand die Wirklichkeit ausreichend, alle Menschen sind auf einen Zufluss von Informationen angewiesen und müssen zugleich lernen, diese als solche zu durchschauen und sie nicht für ein getreues Abbild der Wirklichkeit zu halten. Diese Prämissen der Wertorientierung verdeutlichen die Wichtigkeit, warum schulische Werteerziehung möglichst an Fachinhalte gebunden sein sollte.

Zielentscheidung und Themenstellung

Schröder hat bereits 1978 folgende didaktischen Prinzipien eines wertorientierten Unterrichts formuliert, die bis heute nichts von ihrer Aktualität eingebüßt haben:

didaktische Prinzipien

4.1.1 *Prinzip der Themenzentriertheit*

> »*Ein Thema ist ein Unterrichtsinhalt, der unter einer pädagogisch bedeutsamen Fragestellung steht und aufgearbeitet wird*« (Schröder 1978, S. 42).

Wesentlich für dieses Prinzip ist der Umstand, dass das Sachwissen ein »Werkzeug« ist und zu der im Thema angesprochenen Leitidee hinführen soll. Darüber hinaus ist zu berücksichtigen, dass die Themenzentrierung »den Interessenlagen, der Auffassungsgabe und Aufgeschlossenheit« (a.a.O., S. 43) der Schülerinnen und Schüler entspricht und ihrem Lernalter angemessen ist.

Sachwissen als »Werkzeug«

Affektgebundenheit/Betroffenheit

Aufgrund der Affektgebundenheit der Wertorientierung wird darüber hinaus eine rein kognitive, emotional distanzierte Auseinandersetzung mit dem Thema nur wenig Betroffenheit bei Schülerinnen und Schülern auslösen. Eine solche ist aber für eine effektive Ergründung unverzichtbar, da nur auf diese Weise die Heranwachsenden tatsächlich »innerlich« angesprochen werden.

4.1.2 Prinzip der Ganzheit

»Leib-Seele-Geist-Einheit«

> *»Ganzheit bedeutet im Gegensatz zum zufälligen Nebeneinander oder zur additiven Häufung eine strukturelle Geschlossenheit«* (a.a.O., S. 44).

Grundlage dieses Prinzips ist die heute unbestreitbare Tatsache der »Leib-Seele-Geist-Einheit« des Menschen bzw. des Sachverhalts, dass in jedem menschlichen Erleben sowohl emotionale und kognitive als auch somatische Dimensionen involviert sind.

Für einen Unterricht, der die Werteerziehung berücksichtigt, wird das Prinzip der Ganzheit in zweierlei Hinsicht relevant:

a) Die gefühlsmäßige Eingebundenheit der Schülerinnen und Schüler

Einheit von Kognition und Emotion

Wenn Grundschulen dieser Problematik auch bisher am überzeugendsten entgegenwirken, ist für unser Schulsystem insgesamt doch bislang noch zutreffend, dass der dort stattfindende Unterricht Schülerinnen und Schüler überwiegend kognitiv anzusprechen versucht. Dieses Vorgehen gründet noch auf der ursprünglichen und irrtümlichen Denkannahme, dass die intellektuelle Auseinandersetzung auf das »sachliche«, »nüchterne« und »unemotionale« Denken angewiesen ist und sich ausschließlich auf diese Vorgehensweisen stützt. Wenn auch die Neurobiologie längst nachgewiesen hat, dass unsere kognitiven Funktionen eng an unsere Emotionen gebunden sind – beispielsweise die Aufmerksamkeit und das Gedächtnis betreffend – und Kognition ohne Emotion sowie Emotion ohne Kognition schlichtweg nicht möglich sind, sondern gerade erst das »typisch Menschliche« ausmachen, ist diese Erkenntnis bei weitem noch nicht Grundlage alltäglicher Unterrichtsplanung und -durchführung (vgl. Standop 2002). Aufgrund seiner großen Bedeutung muss daher noch einmal betont werden, dass die gefühlsmäßige Betroffenheit von Schülerinnen und Schülern ein Kernelement des wertorientierten Unterrichts ist. So folgen »Werten« bzw. »Bewerten« vielfach nicht nur sachlogischen Momenten bzw. gründen insbesondere auf die gefühlsmäßige Urteilsbildung. Darüber hinaus ist die Verinnerlichung von Werten bzw. die Wertebindung auf die individuelle gefühlsmäßige Anbindung angewiesen (siehe Kapitel 1 und 3), um Beständigkeit und Hingabe zu erzeugen.

b) Einheit von »Kopf, Herz und Hand«

Betroffenheit, Einsicht, handelnde Auseinandersetzung

Ebenso wie schulischer Unterricht allgemein ist auch die Wertorientierung am erfolgreichsten, wenn sie emotionale Beteiligung sowie persönliche Sinn- und Werteinsicht ermöglicht und die Heranwachsenden sich zugleich »handelnd« mit den verschiedenen Problemstellungen auseinandersetzen können. So ist das kognitive Verstehen im Besonderen auf die emotionale Überzeugung und das handelnde Verständnis des Individuums angewiesen und bildet mit diesen zusammen eine Ganzheit.

> »Wertorientierter Unterricht zielt somit neben der Ansprechung des Gefühls sowohl auf Erkenntnis und Ordnung der Erkenntnisse als auch auf Verhalten und Haltung ab. In die Erkenntnis wird das Wissen um die Verbindlichkeit der Werte einbezogen, die Haltung gründet sich auf die als verbindlich erkannten Prinzipien« (Schröder 1978, S. 46).

Erschließt sich ein Wert dem Individuum zunächst über das Gefühl, kann es daran anschließend über die »Wertgerichtetheit seines Fühlens und Wollens gedanklich reflektieren« (a.a.O.). Darüber hinaus werden erst durch die handelnde Verwirklichung die geistige und gefühlsmäßige Wertbezogenheit vervollständigt und ein im Sinne Linds zu den eigenen moralischen Idealen konsistentes und in Relation zur jeweiligen Situation angemessenes Urteilen und Handeln möglich (vgl. Kapitel 1.9).

4.1.3 Prinzip der Realitätsbezogenheit

> *»Realitätsbezogenheit im wertorientierten Unterricht heißt, die Wertewelt nicht in abstrakten oder verbalen Formen, sondern in der konkreten Begegnung von Kind und Welt erleben zu lassen«* (a.a.O., S. 47).

Begegnung von Kind und Welt

Zwar ist es nicht nur möglich sondern auch sinnvoll, mit fortschreitendem Alter der Schülerinnen und Schüler zunehmend abstraktere Inhalte im Unterricht zu thematisieren. Allerdings ist es im Besonderen für wert-

Lebensweltbezug

orientierten Unterricht von Bedeutung, die Heranwachsenden so durch die Themenauswahl anzusprechen, dass sie sich mit den Problemstellungen identifizieren können. Dies gelingt umso effektiver, je »realistischer« bzw. »realitätsnaher« sich den Schülerinnen und Schülern ein Problem darstellt und je eher sich diese vorstellen können, in »eine solche Situation zu geraten«.

Der Realitätsbezug im wertorientierten Unterricht kann beispielsweise sowohl durch die Zielsetzung als auch durch die Themenwahl hergestellt werden:

a) Die Sachbegegnung

Konkretheit/ Anschaulichkeit

Eine Sache oder ein Gegenstand, die konkretisiert werden, ermöglichen dem Heranwachsenden, sich mit diesen direkt auseinanderzusetzen und sich mit einer konkreten Situation zu identifizieren. Daher sollte auch wertorientierter Unterricht stets anschauliche, faktische Problemsituationen anbieten.

b) Der Bezug zur Gegenwart

Um den Schülerinnen und Schülern zu ermöglichen, sich in eine Problemsituation hineinzuversetzen, ist ebenso von entscheidender Bedeutung, dass diese einen *unmittelbaren Bezug aus ihrer jetzigen Lebenslage* zu dem Problem herstellen können, z.B. über

- die möglichen Konsequenzen einer durch unverantwortliches Verhalten herbeigeführten Umweltkatastrophe (wie Grundwasser-, Meerwasserverschmutzung durch die Industrie; oder durch fahrlässiges Verhalten, wie das achtlose Wegwerfen einer Zigarettenkippe, hervorgerufene Waldbrände),
- die eventuellen Folgen des Verhaltens eines Menschen für das leibliche und seelische Wohl anderer Menschen (beispielsweise durch bestimmte Handlungsweisen im Straßenverkehr oder im direkten, persönlichen Umgang mit anderen Menschen wie in Konfliktsituationen).

Insbesondere das aktuelle Zeitgeschehen bietet häufig Anlässe für die Diskussion über Werte bzw. wertorientiertes Verhalten und sollte einen wichtigen Stellenwert im Unterricht erhalten, nicht zuletzt vor dem Hintergrund, den Schülerinnen und Schülern ein politikfähiges, gesellschaftskritisches Bewusstsein zu vermitteln.

Anknüpfung an Fragestellung der Lernenden

Darüber hinaus bringen Schülerinnen und Schüler häufig selbst Fragestellungen in den Unterricht ein, denen ein ursächliches subjektives Interesse innewohnt, und die daher besonders *wert*voll für einen wertorientierten Unterricht sind.

4.1.4 Prinzip der Vertiefung

»Vertiefen heißt in die Tiefendimension sowohl der Gegenstände als auch der Person vordringen, um den Bildungsgehalt zu erschließen und das Gemüt anzusprechen« (a.a.O., S. 50).

a) Der Gegenstand als grundlegendes Beispiel

das »Exemplarische«

Die Vertiefung in den Gegenstand strebt durch die Aufarbeitung einzelner Beispiele an, den Schülerinnen und Schülern das Grundsätzliche oder das »Exemplarische« (Klafki 1991) an einer Sache klar erkennbar zu machen und hierdurch den Bildungsgehalt einer Sache zu entfalten.

b) Verinnerlichung durch die Heranwachsenden

gefühlsmäßige Involviertheit

Die eigene, gefühlsmäßige Involviertheit ermöglicht die »innere« Bildung, indem der Kern der Persönlichkeit getroffen wird. Voraussetzung für die Internalisierung ist allerdings, dass den Schülerinnen und Schülern ausreichend Zeit für die Aufarbeitung der angesprochenen Probleme eingeräumt und der individuelle Nachvollzug im eigenen Lern- und Verarbeitungstempo, das Betroffen-Sein überhaupt ermöglicht wird. Zugleich verlangt diese Zielsetzung, dass es grundsätzlich, abgesehen von einigen begründeten Ausnahmen, keine »Tabuthemen« im Unterricht gibt, und alle die Heranwachsenden interessierenden Inhalte der unterrichtlichen Auseinandersetzung zugänglich gemacht werden sollten.

4.1.5 Angst und Repressionsfreiheit

»Schulangst ist das Erleben des Bedrohtseins durch Faktoren, welche direkt oder indirekt im Zusammenhang mit der Schule stehen« (Schröder 1978, S. 54).

Gesundheit und Unterrichtserfolg

Erfolgreich am Unterricht teilnehmen kann nur ein Kind oder ein Jugendlicher, das bzw. der gesund ist. Hierunter ist sowohl die körperliche, seelische, geistige als auch die soziale Gesundheit zu verstehen. Schülerinnen und Schüler, die unter dem Phänomen »Schulangst« leiden, können vor diesem Hintergrund nicht als »gesund« bezeichnet werden.

Auch heute noch wird in Schulen mit dem pädagogisch rückständigen und unwürdigen Mittel der Angsterzeugung gearbeitet, z.B. als Mittel zur Disziplinierung oder zur Motivierung[1] für eine erwartete Leistungserbringung. Steht die Angst auch in diametralem Gegensatz zum seelisch-geistigen Wohlbefinden von Schülerinnen und Schülern, ist sie dennoch auch heute noch für viele ein wesentliches, im Allgemeinen belastendes Begleitgefühl im Schulalltag.

Auslöser von Schulangst

Zu den Schulangst auslösenden Faktoren zählen insbesondere:
- Leistungsdruck,
- Überbelastung,
- schlechte Noten,
- Lehrerforderung,
- Repressalien durch Lehrerinnen und/oder Lehrer,
- Diffamierung und Bloßstellung aufgrund nicht erfüllter oder nicht erfüllbarer Erwartungen von Seiten der Schule,
- Verachtung bzw. Bedrohung durch Mitschülerinnen und/oder Mitschüler.

Formen der Angst

Angst äußert sich insbesondere in folgenden Formen (nach Schröder 1978, in Anlehnung an Rachmann 1975):
- als das subjektive Erleben eines unangenehmen Gefühls,
- durch den erkennbaren Ausdruck von Furcht und Schreck,
- im Vermeidungs- und Fluchtverhalten gegenüber den als gefährlich eingeschätzten Situationen sowie
- durch körperliche Symptome, z.B. erhöhte Pulsfrequenz, Schweißabsonderung, Blässe.

1 Die Motivation der Schülerinnen und Schüler bezieht sich in diesem Falle nicht auf den zu lernenden Inhalt, sondern lediglich auf die Abwendung von negativen Sanktionen mit der Folge des *defensiven* Lernens (vgl. Holzkamp 1995). Die dauerhaften Folgen solcherart Erziehungsmethoden führen einerseits dazu, dass Inhalte nicht wirklich mit langfristigem Nutzen gelernt, sondern kurzfristig auswendig eingeprägt und bald wieder vergessen werden. Darüber hinaus bildet sich bei den Heranwachsenden eine grundsätzlich ablehnende Haltung aus (Lernen kann so nicht als ein positiver, angenehmer Vorgang erfahren werden), die in totaler Verweigerungshaltung münden kann, auf jeden Fall aber langfristige Konsequenzen für die Lernbereitschaft des Individuums hat.

Nach Ansicht Schröders (a.a.O., S. 55) existieren für die Erzeugung von Schulangst »zumindest folgende Faktorenkomplexe:

Schulangst erzeugende Faktorenkomplexe

- Faktorenkomplex: die Lehrkraft
- Faktorenkomplex: die Mitschüler
- Faktorenkomplex: das Schulsystem
- Faktorenkomplex: die Eltern«.

Fühlen eine Schülerin oder ein Schüler sich durch einen der aufgezählten Faktorenkomplexe bedroht, kann es zu Schulangstsymptomen kommen.

Insbesondere der wertorientierte Unterricht ist jedoch auf eine vertrauensvolle Beziehung zwischen den Lehrpersonen und Heranwachsenden sowie die freie, durch das Gefühl der Sicherheit getragene Persönlichkeitsentfaltung angewiesen, die durch angstauslösende Faktoren oder bereits ausgeprägtes Angstverhalten gestört bzw. völlig verhindert werden.

Schülerorientierung

Auch für den wertorientierten Unterricht gilt deshalb die pädagogische Prämisse, eine Überforderung (wie auch Unterforderung) von Schülerinnen und Schülern auf jeden Fall zu vermeiden und den Unterricht dem jeweiligen Lern- und (moralischen) Entwicklungsstand der Heranwachsenden durch differenzierte Lernangebote anzupassen. Neben der Kenntnis und Berücksichtigung individueller Fähigkeiten, ist der Einsatz positiver Verstärkung ein wichtiges Element schülerorientierten Unterrichts, ebenso wie das Prinzip, Leistungsversagen nicht mit Diskriminierung oder Strafen zu sanktionieren (darüber hinaus widersprechen derartige »Erziehungsmethoden« grundsätzlich einer schulischen Werteerziehung, in der die Bedeutung des Schulethos und der Beispielwirkung des Lehrers ernst genommen werden. Vgl. auch Kapitel 3). Schließlich ist ebenfalls im wertorientierten Unterricht *strikt auf die Trennung zwischen Lernangeboten und Leistungsforderungen* zu achten.

4.1.6 Prinzip der Differenzierung

> *»Differenzierung ist die Auflösung des heterogenen Klassenverbandes zugunsten homogener Gruppen (wobei Homogenität zu verstehen ist, als situative Angleichung von Unterschieden. Anm. J.S.)«* (a.a.O., S. 56).

Unter-/Überforderung

Wie bereits unter Punkt 5 zur Schulangst angesprochen, dient die innere Differenzierung im Unterricht der Vermeidung von Unter- bzw. Überforderung. So werden bei der Unterrichtsplanung bzw. der Verteilung von Arbeitsaufträgen die Lern- und Leistungsstände der Schülerinnen und Schüler und idealerweise auch ihre jeweiligen Interessenschwerpunkte berücksichtigt. Den einzelnen Kindern und Jugendlichen wird hierdurch eine aktivere Teilnahme am Unterricht und ein größerer Lernerfolg möglich.

Interessenneigung/Arbeitsstil

Allerdings folgt die Differenzierung im wertorientierten Unterricht anderen Schwerpunktsetzungen als beim fachdisziplinären Lernen, denn gerade im Rahmen der Werteerziehung geht es um die optimale Entfaltung und Förderung aller Persönlichkeitsbereiche. Differenzierung im Rahmen der Aufteilung von Arbeitsaufgaben sollte sich also möglichst nach der Interessenneigung aber auch dem bevorzugten Arbeitsstil der Schülerinnen und Schüler richten und weniger nach dem Lernstand im jeweiligen Fachunterricht.

4.2 Wege der Vermittlung

Bei der Weitergabe von Werten an nachfolgende Generationen sind drei Aspekte im Besonderen zu beachten:

persönliche Zuwendung

- Wie bereits ausführlich dargelegt, geschieht die grundlegende und überdauernde Vermittlung von Werten ausschließlich durch die *persönliche Zuwendung*. Damit ist im Wesentlichen das angesprochen, was die Pädagogik stets als die Bedeutung des persönlichen *Beispiels* oder *Modells* betont hat:

> Schülerinnen und Schüler müssen immer wieder wahrnehmen, dass die von ihnen anerkannten Lehrerinnen und Lehrer die Normen und Werte nicht als Selbstzweck(e) betrachten bzw. als Machtmittel einsetzen, sondern als Verpflichtung ansehen, denen sie selber unterliegen und denen auch sie nicht fehlerlos zu genügen vermögen.

Erfahrbarkeit von Grundwerten im Schulalltag

- Welche Orientierung die richtige ist, muss von Schülerinnen und Schülern persönlich im Handeln *erfahren* werden (können).

> Die verbindlich anerkannten und proklamierten *Grundwerte* wie Würde, Toleranz, Freiheit und Gerechtigkeit, Kooperation oder Wahrhaftigkeit müssen im Schulleben selbst überzeugende Anwendung finden, *müssen schulische Alltagserfahrung* werden.

- Nur im Anschluss und verbunden mit diesen beiden Vorgehensweisen, dem Beispiel wie auch der persönlichen Erfahrung, hat der dritte Aspekt Aussicht auf Erfolg: die *Information* und *rationale Auseinandersetzung*.

Information/rationale Auseinandersetzung

- Die Differenzierung zwischen den unbedingt geltenden und den von der Einzelperson in freier Entscheidung zu übernehmenden Verantwortlichkeiten.
- Die Mannigfaltigkeit möglicher Werte und Normen, ihre Etablierung und insbesondere die Schwierigkeiten ihrer Realisierung, ihrer Vorbedingungen und Konsequenzen.

4.3 Handlungsleitlinien

Auflagen eines gelebten Diskurses

Insgesamt kann für die Ein- und Durchführung einer auf vernunftgemäße Argumente gestützten Werteerziehung eine Reihe von Voraussetzungen angeführt werden, die Lehrerinnen und Lehrer bei ihrer Unterrichtsplanung und -durchführung berücksichtigen sollten:

- Zunächst stellen sich folgende wünschenswerte Auflagen für einen gelebten Diskurs in der Klasse:
  - den Schülerinnen und Schülern Gelegenheiten bieten, Verantwortung für sich selbst und andere zu übernehmen;
  - die Beteiligung der Heranwachsenden an der gemeinsamen Entscheidungsfindung;
  - offene und vertrauensvolle Auseinandersetzung mit realen Konflikten;
  - Gelegenheiten zur Betrachtung eines Konflikts aus unterschiedlichen Blickwinkeln bieten;
  - Möglichkeiten, Werte miteinander zu vergleichen;
  - die Schaffung einer sozialen und physischen »Infrastruktur«, damit sich eine Moralkultur überhaupt entwickeln kann.
- Lehrerinnen und Lehrer müssen sich für jeden der ihnen anvertrauten Heranwachsenden verantwortlich fühlen. Die Schülerinnen und Schüler sollten spüren, dass sie von der Lehrperson anerkannt und als eigenständige Person bewusst wahrgenommen werden.

Verantwortung/Anerkennung

- In Stresssituationen und im Zusammenhang mit leistungs- und erfolgsorientiertem Konkurrenzverhalten ist kein bzw. kaum Platz für eine auf Werthaltungen ausgerichtete Erziehung (vgl. Kapitel 3).
- Die Atmosphäre in der Klasse sollte entspannt, von Vertrauen und gegenseitigem Respekt gekennzeichnet sein. Schülerinnen und Schü-

ler sollten sich sicher fühlen können, in der Gewissheit, dass ihre Ansichten und Äußerungen nicht bewitzelt oder verächtlich gemacht werden. Schließlich sollten sie sich auch darauf verlassen können, dass eine nur für die Lehrperson bestimmte Äußerung nicht an Dritte weitergegeben wird (Schutz der persönlichen Unversehrtheit).

Freiheit/ Freiwilligkeit

- Offene Meinungsäußerung kann nur dann stattfinden, wenn es auch Freiheit und Freiwilligkeit gibt. Allerdings ist Freiheit keinesfalls mit Nachgiebigkeit bzw. Laissez-faire von Lehrerinnen und Lehrern zu verwechseln, denn nach wie vor sind diese die verantwortlichen »Fachleute« für einen lehrplangeleiteten bzw. lernsystematischen Unterricht. Auch schülerzentrierter Unterricht ist auf die (indirekte) Steuerung durch den Lehrer angewiesen, auf eine den Voraussetzungen und dem Entwicklungsstand der Schülerinnen und Schüler Rechnung tragende Anleitung durch die Lehrperson sowie die Befolgung bestimmter, nach Möglichkeit gemeinsam legitimierter Regeln von allen am Unterricht teilnehmenden Personen.

gemeinsame legitimierte Regeln

- Schließlich muss in jedem Fall auch dies geklärt werden: Die freie Meinungsäußerung hat genau dort ihre Grenzen, wo die Würde anderer Menschen verletzt wird.
- Nur dann kommt ein weiterführendes, sinnstiftendes und wertinduzierendes Gespräch über Wertefragen zustande, wenn die Schülerinnen und Schüler dabei von ihren Erfahrungen, Gefühlen, Interessen, von ihrem »Selbst« ausgehen können. Auch aktuelle Ergebnisse der Lehr-Lernforschung belegen, dass umso effektiver gelernt wird, je mehr es sich um Fragen handelt, welche die Lernenden persönlich und somit emotional betreffen (Standop 2002). Lehrerinnen und Lehrer sollten also unbedingt dafür aufgeschlossen sein, die persönlichen Meinungen und Einstellungen der ihnen anvertrauten Heranwachsenden kennen zu lernen und in den werterziehenden Unterricht einzubeziehen.

Vermeiden von Leistungsdruck

- Gespräche, in denen Schülerinnen und Schüler zu Werten und Normen Stellung nehmen (sollen), müssen frei sein von dem Druck vorgefasster (konventioneller) Vorstellungen und Erwartungen sowie vom oft »üblichen« Leistungsdruck. Werteinstellungen bzw. Gesinnungen dürfen in der Schule weder durch Noten noch in anderer Art und Weise bewertet werden.
- Im herkömmlichen, vorwiegend frontalen, lehrerzentrierten Unterricht dürften sinnstiftende Gespräche kaum anzubahnen sein. Um diese zu induzieren und die Teilnahme weitgehend aller Schülerinnen und Schüler zu erreichen, müssen die Heranwachsenden zunächst die Möglichkeit haben, sich im kleineren Kreis zu äußern. Meinungsaustausch und Wertediskussion sollten daher zuerst in Gruppen stattfinden, um später im Plenum fortgeführt zu werden. Ein wichtiges Ziel

des wertorientierten Unterrichts ist, dass möglichst alle Schülerinnen und Schüler aktiv an der Meinungsbildung teilhaben. Insbesondere von den Vertretern einer Minderheitenmeinung ist es aber zuviel verlangt, diese unmittelbar im Plenum argumentativ verteidigen zu müssen.

- Alle Informationen, die dem Verständnis der geäußerten Wertungen dienen, sollten so erschöpfend wie möglich dargelegt werden. Rückfragen wecken die Bereitschaft, das eigene Werten auf seine Herkunft bzw. seinen Herkunftskontext hin zu überprüfen, z.B.:
  - Was spricht für deine Überzeugung?
  - Woher stammt sie?
  - Wann hast du zum ersten Mal so gedacht?

Rückfragen

- Im Gespräch benutzte Begriffe müssen erläutert und geklärt werden, denn Schülerinnen und Schüler sind sich über die tiefsinnige Bedeutung der von ihnen verwendeten Wertausdrücke (gerecht – ungerecht, fair – unfair, gut – böse/gemein u.a.m.) häufig nicht im Klaren. Es sollten aber nicht nur »trockene« Definitionen angeboten werden, zu grundlegenden Begriffen können beispielsweise auch unterschiedliche Meinungen oder Situationsbeispiele dargeboten werden. Zu diesen können die Schülerinnen und Schüler eventuell, mündlich aber auch schriftlich, Stellung nehmen, um anschließend in einer klärenden Diskussion ein gemeinsames Verständnis des betreffenden Ausdrucks zu gewinnen.

»Wertkontinuum«

- Sollen Schülerinnen und Schüler zu überlegtem Werten veranlasst werden, müssen sie lernen, die Konsequenzen der entsprechenden Handlung sowie mögliche Alternativen in Betracht zu ziehen. Im Rahmen des »Wertkontinuums« (Raths et al. 1976, S. 153) werden Schülerinnen und Schüler mit zwei extremen Meinungen zu einem Problem konfrontiert und aufgefordert, die diesen Meinungen entsprechenden Handlungen herauszufinden. Anschließend werden Positionen erarbeitet, die zwischen diesen Extremen liegen. Das Wertkontinuum ist unter anderem dabei behilflich, das in Sackgassen führende Entweder-oder-Denken zu überwinden und umstrittene Themen differenzierter zu behandeln.

»Widerspruchsfreiheit«

- *Widerspruchsfreiheit*: Gelegentlich sollte bei speziellen Wertäußerungen von Schülerinnen und Schülern ermittelt werden, inwieweit diese mit anderen Wertüberzeugungen derselben Schüler in Übereinstimmung zu bringen sind. Dabei sollte behutsam vorgegangen werden, um nicht den Eindruck entstehen zu lassen, dass eine Schülerin/ein Schüler bloßgestellt werden soll. Anfälligkeit für widersprüchliches Verhalten ist ein Problem allgemein menschlichen Verhaltens. Dadurch, dass Schülern dies in ihrem eigenen Verhalten »nachgewiesen« wird, sollen sie für dies Phänomen sensibilisiert werden.

Realisierbarkeit

- *Realisierbarkeit*: Abschließend bleibt die Frage, ob und inwieweit bestimmte Überzeugungen in die Tat umzusetzen sind. Möglicherweise lassen sich zuweilen gemeinsame Aktionen planen: den Stadtpark vom liegen gelassenen Müll reinigen; Besorgungen für ältere/kranke Menschen übernehmen; anderen Schülern bei den Schulaufgaben helfen; Geld, Kleidungsstücke, Hausrat für in Not geratene Menschen sammeln.
  Damit wäre bereits ein Schritt in die Verantwortungsübernahme, in das soziale Engagement vollzogen und die Heranwachsenden könnten erfahren, *dass man etwas tun, dass man helfen, dass man etwas verbessern kann.*

Anbahnung ethischen Verhaltens

Abschließend werden in Anlehnung an Reuben (1998, S. 22–31) zehn Regeln aufgelistet, die dabei helfen sollen, das Lernen von ethisch geleitetem Verhalten bei Schülerinnen und Schülern anzubahnen:

Regel 1: Setzen Sie ethische Erziehungsziele.
Regel 2: Seien Sie moralisches Vorbild.
Regel 3: Stellen Sie realistische, dem Alter angemessene Erwartungen.
Regel 4: Zeigen Sie Ihren Schülerinnen und Schülern, dass Ihre Zuneigung nicht an Bedingungen geknüpft ist.
Regel5: Stärken Sie das Selbstwertgefühl Ihrer Schülerinnen und Schüler.
Regel 6: Befähigen Sie Ihre Schülerinnen und Schüler dazu, die Folgen ihres Verhaltens zu verantworten.
Regel 7: Nutzen Sie Situationen, in denen die Schülerinnen und Schüler etwas über ethisches Verhalten lernen können.
Regel 8: Seien Sie auch in Ihrem Verhalten Kolleginnen und Kollegen gegenüber Vorbild für Ihre Schülerinnen und Schüler.
Regel 9: Machen Sie ethisch geleitetes Verhalten zu einer Angelegenheit der ganzen Schule.
Regel 10: Vermitteln Sie Ihren Schülerinnen und Schülern, dass das Leben einen Sinn hat.

Darüber hinaus stellt der folgende Satz eine äußerst wirksame (Einstiegs-) Möglichkeit dar:

»Wenn dieser Augenblick vorbei ist und ich in Zukunft auf ihn zurückblicke, werde ich dann stolz darauf sein, wer ich damals war und was ich getan habe?« (Reuben 1998, S. 147).

Grundvoraussetzungen erfolgreichen Unterrichts

Erfolgreich ist wertorientierter Unterricht somit unter vier Grundvoraussetzungen:

- Den Lehrerinnen und Lehrern muss der »Gegenstand« selber bedeutsam sein.
- Überzeugungen, die dauerhaft bestehen bleiben sollen, brauchen Zeit und wiederholte Bestätigung, um sich auszubilden und zu verankern.
- Lernen ist grundsätzlich mit Erfahrung zu verknüpfen, noch besser ist zumeist, wenn es direkt daraus hervorgehen kann.
- Die Person der Lehrerin bzw. des Lehrers ist neben dem allgemeinen »Schulethos« das wichtigste und stärkste Instrument schulischer Werteerziehung.

repressionsfreies Lernen

Werte lassen sich nicht – wie chemische Eigenschaften oder mathematische Verfahren – »vermitteln« und Werteerziehung lässt sich nicht durch Zwang erzeugen. Zwar verbindet sich mit repressionsfreiem Lernen eine allgemeine pädagogische Kernforderung an die Schule, aber für Werteerziehung gilt im Besonderen, dass ihre dauerhafte Wirkung auf der (freiwilligen) persönlichen Überzeugung der Schülerinnen und Schüler beruht. Das sollten sich Lehrerinnen und Lehrer stets in Erinnerung rufen.

zu vermittelnde Fähigkeiten

Eine Werteerziehung, die auf die Fundamente der Menschenrechtskonvention und des Grundgesetzes aufbaut, sowie die aktive Teilnahme an einer demokratischen Gesellschaft grundlegen will, sollte vor allem die Vermittlung und Förderung folgender von v. Hentig (1999) beschriebener Fähigkeiten verfolgen:

- »die Fähigkeit zur Politik, zum Mitdenken und Mitentscheiden in der *res publica;*
- die Fähigkeit zur Wahrnehmung und Achtung anderer Denk- und Lebensformen unter Wahrung der eigenen;
- die Fähigkeit, Abstand zu nehmen oder Widerstand zu leisten, wenn in der eigenen Umgebung die tragenden gemeinsamen Werte verletzt werden;
- die Fähigkeit, die eigenen Bedürfnisse so einzuschränken, dass die Natur geschont wird und benachteiligte Völker einen fairen Anteil am Wohlergehen der Menschen erhalten;
- die Fähigkeit zum Aushalten von Ambivalenz; die Fähigkeit, für sich selbst – für die eigene Existenz und für das eigene Glück – einzustehen« (a.a.O., S. 97/98).

4.4 Messung von Moralkompetenz

»Moralisches Urteil-Test« (MUT)

Lind (2003) hat mit dem »Moralisches Urteil-Test« (MUT) eine Methode entwickelt, um Moralkompetenz zu messen. Als Vorher-Nachher-Test ermittelt dieses Instrument, wie viel Schülerinnen und Schüler durch eine Dilemmadiskussion dazugelernt haben. Die ursprünglich von Kohlberg entwickelte und von Lind weiter ausgearbeitete Dilemmadiskussion konfrontiert die Probanden mit Problemen, bei denen allseits akzeptierte moralische Grundsätze miteinander in Konflikt geraten (vgl. auch Kapitel 2.2.2). Für die so genannte Konstanzer Methode stellt dabei, im Gegensatz zu Kohlberg, die Auseinandersetzung mit dem Gegenargument den Hauptaspekt für die Messung der Moralkompetenz dar.

Konstanzer Methode der Dilemma-Diskussion

Beispiel:
»Der Geheimdienst eines Landes hat eine Frau festgenommen. Sie gilt als Anführerin einer Terrorgruppe, die einen Sprengstoffanschlag vorbereitet. Ein Richter hat die Erlaubnis gegeben, die Frau zu foltern, um so das Attentat zu verhindern, das viele Hundert Menschenleben kosten würde.

Frage: War diese Entscheidung richtig?«

(Schorpp 2003)

Jeder Teilnehmer der Probandengruppe erarbeitet für sich eine Lösung, die er gegen oppositionelle Argumente verteidigen muss. Hierdurch sollen die für eine Demokratie wichtigen Grundregeln, beispielsweise »sich der eigenen Prinzipien bewusst werden«, »sie nach ihrer Wichtigkeit unterscheiden«, »sie auch gegenüber starkem Widerstand verteidigen« oder »den Argumenten anderer zuhören« trainiert werden.

Nachdem die Probanden mit einem moralischen Dilemma konfrontiert wurden und für dieses eine Lösung erarbeiten mussten, werden ihnen im Anschluss sechs Argumente für und wider ihre Entscheidung präsentiert. An diesem Punkt beginnt die eigentliche »Betestung«: Es soll herausgefunden werden, ob der jeweilige Proband dieselben Maßstäbe an die ihm vorgelegten Gegenargumente anlegt wie an seine eigenen. Beurteilt er diese nach ihrer moralischen Qualität oder ausschließlich vor dem Hintergrund, ob sie seine eigene Meinung stützen bzw. ihr widersprechen? Kann er mit den – eigenen wie auch fremden – Gefühlen umgehen, die ein moralisches Urteil stets mitbegründen?

Die moralischen Fähigkeiten der Kinder, Heranwachsenden oder Erwachsenen lesen die Wissenschaftler an deren Diskussionsverhalten ab. Mit diesem Vorgehen gewinnen sie nach Lind (2003) einen Objektivitätsvorsprung gegenüber interpretierenden Methoden.

4.5 Die Konstanzer Methode der Dilemmadiskussion

besondere Kennzeichen

Im anschließenden Kapitel soll die von Lind in Anlehnung an das ursprüngliche Konzept von Blatt und Kohlberg (1975) entwickelte Methode der moralischen Dilemmadiskussion vorgestellt werden. Folgende Aspekte seines Modells werden von Lind besonders hervorgehoben:

- Nach Untersuchungsergebnissen von Walker (1986) fordern insbesondere die sich von den eigenen unterscheidenden Argumente (und dabei vor allem die der eigenen Meinung widersprechenden Argumente) das moralische Denken heraus und regen die Entwicklung an. Daher ist bei der Konstanzer Methode der Dilemmadiskussion das Gegenargument das zentrale Kriterium.
- Durch den rhythmischen Wechsel zwischen Phasen der Unterstützung und Herausforderung sollen die Schülerinnen und Schüler ein ideales Aufmerksamkeitsniveau erlangen können.
- Für die Diskussionen werden semi-reale Dilemmata mit einem hohen Realitätsgehalt verwendet (unter semi-realem Dilemma wird eine Zwangslage einer fiktiven Person verstanden, die zwischen zwei Verhaltensalternativen wählen muss, welche gegen ihre moralischen Prinzipien verstoßen), da sich nach Lind gezeigt hat, dass diese einen besonders starken Fördereffekt haben (vgl. Lind 2003).

4.5.1 Unter welchen Bedingungen sind Dilemmadiskussionen effektiv?

Erfolgskriterien

Nach Lind sind folgende Aspekte bei der Einschätzung des Erfolgs einer Dilemmadiskussion zu berücksichtigen:

- »Je geringer die Altersstufe und der Bildungshintergrund oder der sozioökonomische Status der Kinder sind, umso mehr scheint der Erfolg der Dilemmadiskussion von der Qualifikation der Lehrerin bzw. des Lehrers abzuhängen.
- Bereits eine Dilemmadiskussion kann genügen, um einen Fördereffekt feststellen zu können; einen nachhaltigen Effekt, der auch noch nach mehreren Wochen und Monaten feststellbar ist, erreicht man aber offenbar nur nach mindestens drei Sitzungen.
- Ebenso lassen sich Fördereffekte bereits nach kurzen Dilemmadiskussionen von ca. 45 Minuten nachweisen; damit diese nachhaltig sind, ist aber eine höhere Intensität notwendig. Meinen Erfahrungen nach sind dafür 80 bis 90 Minuten, also zwei Schulstunden notwendig (oft aber auch ausreichend).

- Die Meta-Analyse zeigt, dass Schüler im Alter zwischen 11 und 16 Jahren weitaus am meisten von dieser Methode profitieren, mehr jedenfalls als Erwachsene und jüngere Kinder. Bei jüngeren Kindern und bei Erwachsenen haben Dilemmadiskussionen auch eine Förderwirkung, aber sie scheint geringer und weniger nachhaltig zu sein« (a.a.O., S. 67).

Einschränkung/ Verbesserungsbedarf

- Lind weist allerdings einschränkend darauf hin, dass die Datengrundlagen der vorliegenden Studien zu diesen beiden Personengruppen viel geringer als zu Schülerinnen und Schülern im Alter zwischen 11 und 16 Jahren und damit die gemachten Schlussfolgerungen wesentlich unsicherer sind. Möglicherweise muss die Methode der Dilemmadiskussion diesen Altersgruppen aber auch einfach noch besser angepasst werden.

Für die Berufsschulen konstatiert Lind, dass eine derart sporadische Bildung – wenn überhaupt – einen minimalen Zugewinn an moralischer Urteilsfähigkeit mit sich bringt. Im Gegenteil zeigt sich nach seinen Erkenntnissen, dass, soweit keine schulische Förderung mehr stattfindet und ein kritisches Niveau der Moralentwicklung noch nicht erreicht wurde, sogar ein Verlust von Urteilsfähigkeit erfolgt.

4.5.2 Ziele der Dilemmadiskussion

Im Allgemeinen wird moralische Handlungsfähigkeit als die Fähigkeit verstanden, in Schule und Hochschule erworbenes moralisches Wissen auch im realen Alltag nutzen zu können. Voraussetzung hierfür sind einerseits begriffliche und emotionale Fähigkeiten, andererseits ist es unentbehrlich, moralische Erkenntnisse auf die Anwendung anderer Kenntnisse und Fertigkeiten beziehen zu können.

Auch für den Einsatz von Dilemmadiskussionen stellt die moralische Urteilsfähigkeit als die Fähigkeit, das eigene Denken an moralischen Idealen oder Prinzipien auszurichten und auf der Grundlage dieses Denkens zu handeln, den Ausgangspunkt dar. Die Anwendung dieser Fähigkeit auch im realen Leben, wenn man gleichzeitig unter dem Druck steht, sich anderen Zwängen zu unterwerfen (beispielsweise aufgrund von Mehrheitsmeinungen, Vorurteilen, missbräuchlich eingesetzter Autorität oder einfach aus Trägheit und mangelnder Stimmung), ist dabei das vorrangige Ziel. Druck kann aber auch dann entstehen, wenn in einer Situation mehrere moralische Anforderungen gleichzeitig zu beachten sind, durch die eine Person in einen Konflikt geraten kann. »Ein *reifes* oder *entwickeltes* moralisches Urteil«, so Kohlberg (1958), »sollte daher beidem gerecht werden, a) moralischen Prinzipien, denen sich eine Person ver-

Konsistenz/ Differenziertheit des moralischen Urteilens

pflichtet hat, und b) der jeweiligen Situation. Es muss gleichzeitig *konsistent* (in Bezug auf die eigenen Moralprinzipien) und *differenziert* (in Bezug auf konkurrierende Moralprinzipien) sein« (Lind 2003, S. 74).

Wie Kohlberg versteht Lind unter »moralischer Urteilsfähigkeit«, die eigenen moralischen Prinzipien auch dann anzuwenden, wenn diese mit der eigenen Ansicht zu einer speziellen Situation konfligieren. Zeigt sich dieses Vermögen in grundlegender Form in der Bereitschaft, Gegenargumente, die sich auf diese Prinzipien stützen, anzuhören und darüber ernsthaft nachzudenken, sollten auf einer höheren Stufe der Entwicklung solche Argumente dazu führen, eine vorgefasste Meinung zu überdenken und nach eingehender Prüfung möglicherweise zu ändern.

Darüber hinaus sollen mit der Dilemmadiskussion folgende Potenziale unterstützt werden:

- »sich der eigenen Prinzipien bewusst zu werden,
- Umstände und Fakten einer Situation genau zu beachten,
- die eigenen Prinzipien nach ihrer Wichtigkeit und Angemessenheit unterscheiden zu können,
- bei Konflikten zwischen gleichrangigen Prinzipien Meta-Prinzipien zu finden, mit deren Hilfe solche Konflikte ausgelöst werden können,
- die eigenen Prinzipien in einem sozialen Kontext zu artikulieren, auch wenn Gegner der eigenen Meinung zugegen sind oder Freunde eine andere Meinung vertreten als man selbst,
- und den Argumenten anderer zuhören, auch wenn sie von Menschen kommen, die einem fremd oder anderer Meinung zu dem Fall sind, über den gerade diskutiert wird« (a.a.O., S. 75).

Umgang mit Konfliktsituationen

Ein wichtiges Ziel besteht zugleich darin, diese Teilfähigkeiten auch in emotional erregten Situationen einsetzen zu können und aus diesem Grund die moralische Argumentation nicht ausschließlich in emotionsarmen Zusammenhängen (z.B. einer schriftlichen Hausarbeit, bei unrealistischen bzw. altersgemäß oder lebensweltlich unpassenden Dilemmabeispielen, die zu keiner inneren Beteiligung führen) zu üben. Gerade die reale Dilemmadiskussion zeichnet sich durch eine erhebliche emotionale Spannung aus und eine stabile moralische Urteilsfähigkeit zeigt sich insbesondere im Umgang mit emotionsgeladenen Konfliktsituationen im Alltag.

Förderung demokratischer Kompetenzen

Die Konstanzer Methode der moralischen Dilemmadiskussion will neben moralischen Fähigkeiten zugleich spezifisch demokratische Kompetenzen unterstützen. Damit ist beispielsweise das Vermögen gemeint,

- »auch bei der Verfolgung eigener Zielsetzungen Respekt und Toleranz zu zeigen,

- Interessenkonflikte durch vernünftigen Diskurs statt Gewalt zu lösen,
- und den ›Gegner‹ als Instanz zur Überprüfung eigener moralischer Standpunkte schätzen zu lernen« (a.a.O.).

4.5.3 Die der Dilemmadiskussion zugrunde liegenden didaktischen Prinzipien

Herausforderung durch Konfrontation

Wie bereits vorangehend ausführlich dargelegt, liegt der Erfolg schulischer Werteerziehung gerade nicht in moralischer »Belehrung«, sondern in der Konfrontation der Schülerinnen und Schüler mit moralischen Problemen, die sie zu einer persönlichen Stellungnahme herausfordern. Das Gelingen dieser Herausforderung hängt von der Gestaltung des Schwierigkeitsgrads der Lernaufgabe ab. So sollte der Lehrer ein semi-reales moralisches Dilemma für die Diskussion auswählen, das genug emotionale Reaktionen (wie Entrüstung, Zustimmung, Interesse etc.) erzeugt, um bei den Lernenden kognitive Aktivitäten wie Nachdenken und Diskutieren auszulösen. Gleichzeitig darf die emotionale Betroffenheit bei den Schülerinnen und Schülern nicht so gravierend sein, dass diese verunsichert oder verängstigt werden.

Erweist sich hingegen ein Dilemma für eine Lerngruppe als zu wenig interessant oder zu realistisch, sollte die Diskussion abgebrochen und mit anderen Unterrichtsinhalten fortgefahren werden. Eine *andere Alternative* besteht darin, durch nachträgliche Abänderungen das Dilemma interessanter oder weniger emotional zu machen. Damit würde allerdings die Gefahr heraufbeschworen, dass durch diese Vorgehensweise die Neugier, die Geduld und das Interesse der Schülerinnen und Schüler überstrapaziert wird, daher bedarf es hierfür einiger Erfahrung *durch* den Lehrer.

Phasen der Unterstützung und Herausforderung

Für den Verlauf des Unterrichts hat es sich übrigens als vorteilhaft gezeigt, die Dilemma-Stunde mit unterstützenden (stärkenden, helfenden) Phasen starten zu lassen, anschließend herausfordernde Abschnitte zu bringen und diese beiden Phasen während einer Unterrichtseinheit einige Male abwechseln zu lassen.

Die Dauer der Phasen der Unterstützung bzw. Herausforderung sollte auch abhängig vom Lernalter und Entwicklungsstand der Schülerinnen und Schüler gewählt werden. So sollte die Unterstützung bei jüngeren Lernenden durchaus längere Zeitabschnitte umfassen als die Herausforderung. Oberstufenschüler hingegen benötigen im Allgemeinen weitaus weniger konkrete Unterstützung durch den Lehrer und werden vermutlich mehr auf herausfordernde Momente ansprechen.

Kern der Dilemmadiskussion ist das Zusammenkommen im Plenum, wenn die die unterschiedlichen Ansichten vertretenden Gruppen ihre Argumente für bzw. gegen die bestimmte Lösung eines Problems austau-

Didaktische Prinzipien der Methode der Dilemmadiskussion nach Lind

- »Der Lernprozess läuft optimal ab, wenn sich Phasen der Unterstützung und Herausforderung ständig abwechseln (in einem 10-Minuten-Rhythmus).
- Zur Unterstützung zählen: Probleme und Aufgabenstellung gut klären; Theorien anschaulich erklären; Experimente und Filme vorführen; Exkursionen; in kleinen Gruppen arbeiten lassen; mit Gleichgesinnten diskutieren lassen; Argumente an der Tafel mitschreiben; loben; beim Artikulieren helfen; etc.
- Zur Herausforderung gehören: Probleme und Aufgaben lösen lassen; Theorien wiedergeben und paraphrasieren lassen; Experimente selber durchführen lassen; Exkursionen planen; im Plenum zur Wortmeldung und Diskussion auffordern; mit Gegnern diskutieren lassen; einen Gedanken klarer formulieren lassen; etc.
- Alle Aktivitäten enthalten beide Phasen, wenn auch in unterschiedlicher Ausprägung« (a.a.O., S. 77).

Zurückhaltung von Lehrenden

schen. Der Lehrer sollte sich dabei in seiner Rolle als Moderator zurücknehmen und das Streitgespräch von den Schülerinnen und Schülern weitgehend selbst geführt werden. Hierdurch wird ihre Fähigkeit gefördert, derartige Auseinandersetzungen auch ohne die Anwesenheit einer (führenden) Autorität vernünftig und gewaltfrei durchzuführen.

Strukturierung der Gesprächsführung

Um die Gesprächsführung zu erleichtern und zu strukturieren wird die »Ping-Pong-Methode« eingeführt, nach der regelmäßig derjenige die Aufgabe des Moderators übernimmt, der gerade gesprochen hat. Auf diese Weise soll dem Redner ermöglicht werden, die fast immer vorhandene eigene Nervosität zu überwinden und dem ihm antwortenden Diskussionsteilnehmer zuhören zu können. Die geringfügigen Pausen, die aufgrund der Wahl des nachfolgenden Redners jeweils entstehen, ermöglichen den anderen Teilnehmern, das eben Gehörte zu verarbeiten und dem weiteren Verlauf der Auseinandersetzung besser folgen zu können.

»Die Ping-Pong-Regel

- Der aktiv Beitragende bestimmt, wer ihm antwortet.
- Diese Regel stellt sicher, dass der Beitragende sich voll auf seinen Beitrag konzentrieren kann und es zu keinen ›Übertragungsstörungen‹ in der Diskussion kommt.
- Die Lehrperson greift möglichst wenig ein, allenfalls wenn die zwei Grundregeln der Dilemmadiskussion (Achtung von Personen; Ping-Pong-Regel) nicht beachtet werden« (a.a.O., S. 78).

4.5.4 *Semi-reale Dilemmata im Unterricht*

Durch ein moralisches Dilemma wird eine Situation dargestellt, in der wenigstens zwei moralische Grundsätze miteinander (gelegentlich auch mit sich selbst) in einen Konflikt geraten, aufgrund der Tatsache, dass sie von der betroffenen Person zwei völlig unvereinbare Handlungsweisen verlangen.

Anzahl, Umfang und Auswahl

Für die unterrichtliche Diskussion sollte ein didaktisch stimmiges Dilemma nicht mehr als zwei bis maximal drei konfligierende Moralprinzipien aufweisen und auf etwa einer halben Seite dargestellt werden können, denn längere Beschreibungen lenken leicht die Aufmerksamkeit vom eigentlichen Dilemma-Problem weg. Insbesondere semi-reale Dilemmata ermöglichen eine große Auswahl, denn sie können sowohl fiktiv und erfunden als auch real sein. Sie können sich als Konsequenz aus zur Zeit im Unterricht behandelten Themen (z.B. aus dem Themenkreis »Der Regenwald und seine Bedeutung für die Ökologie«: die wirtschaftliche Bedeutung seiner Abholzung für die dort lebende Bevölkerung – Konsequenzen seiner Abholzung für mögliche weltweite Klimaveränderungen) anbieten oder aufgrund von direkten Erfahrungen einzelner Schüler bzw. der gesamten Klasse.

Schließlich gibt es auch die Möglichkeit, in der Literatur geschilderte Dilemmata zu verwenden bzw. aus einer vorhandenen Geschichte den konflikthaften Dilemma-Zusammenhang herauszuarbeiten, um diesen in einer Unterrichtsdiskussion einzusetzen.

inhaltliche/formale Gestaltung

Das edukative moralische Dilemma

»Ein (semi-reales oder reales) Dilemma, das Teilnehmer an einer Dilemma-Diskussion so zum Nachdenken über moralische Problemlösungen anregt, dass bei ihnen die Entwicklung der moralischen Urteils- und Diskursfähigkeit gefördert wird.
Das Dilemma sollte so realistisch formuliert sein, dass beim Zuhörer Neugier und Spannung, aber keine lernhemmenden Emotionen (z.B. Ängste, Hass) ausgelöst werden« (nach Lind 2003, S. 79).

Versachlichung der Konflikte

Ein weiterer wesentlicher Aspekt der moralischen Dilemmadiskussion besteht in dem Ziel, Konflikte zu versachlichen. Dies geschieht einerseits dadurch, dass die Aufmerksamkeit der Teilnehmer auf den »moralischen Kern« eines Konflikts gerichtet wird, also auf die ihm zugrunde liegenden moralischen Dilemmata. Andererseits dient die für die Diskussionen geltende Grundregel, andere Personen nicht abzuwerten, der zusätzlichen Konzentration auf die Sachinhalte. Das Bemühen um eine Versachlichung der Konflikte bedeutet allerdings nicht, dass Emotionen als unwichtig oder gar störend angesehen werden. Im Gegenteil sollen die moralisch-affektiven Bindungen der Schülerinnen und Schüler diesen bewusst gemacht und daran angeknüpft, und durch die Methode Dilemma- und Konfliktgefühle überhaupt erst hervorgebracht werden. Bedeutsam ist jedoch, dass diese Gefühle eben nicht an Personen gebunden sind, weder an die eigene (z.B. bei Schuldgefühlen) noch an andere (z.B. bei Hassgefühlen), sondern sich auf die Sachebene beziehen.

Hervorbringen von Dilemma- und Konfliktgefühl

4.5.5 Voraussetzungen für die erfolgreiche Durchführung einer Dilemmadiskussion

»Zielgruppe«

Lind zufolge eignet sich die Methode der Dilemmadiskussion insbesondere für die Klassenstufen 5 bis 10, kann in veränderter Weise aber auch in der Grundschule oder in der Oberstufe, bei Studierenden und Erwachsenen eingesetzt werden. Für den erfolgreichen Einsatz einer Dilemmadiskussion mit einem möglichst hohen Lerngewinn bei allen Schülerinnen und Schülern sind folgende Aspekte wichtige Voraussetzungen:

Ausbildung der Lehrenden

- »*Gute Ausbildung des Lehrers bzw. der Lehrerin.* Gründliche pädagogische und psychologische Kenntnisse sind ebenso wichtig wie eine Beschäftigung mit der Moralphilosophie, wobei vor allem Autoren wie Kant, Habermas, Apel und ›ihre‹ Schüler berücksichtigt werden sollten; sie sind hier grundlegend. Diese Vorbereitung sollte schon früh mit praktischen Erprobungen unter Mithilfe erfahrener Anwender dieser Methode erfolgen. Wichtig ist eine gute Verzahnung von Theorie und Praxis.

Unterrichtsvorbereitung und -organisation

- *Gute Vorbereitung der Unterrichtsstunde.* Je besser (und zeitaufwändiger) eine Dilemmadiskussion durchdacht und vorbereitet wurde, desto weniger muss der Leiter oder die Leiterin der Diskussion inhaltlich in den Verlauf ›pädagogisch‹ eingreifen und kann den Ablauf der Stunde weitgehend der Selbstregulation der Beteiligten überlassen.
- *Verstetigung der Dilemmadiskussion im Unterricht.* Wenn solche Stunden regelmäßig – etwa alle zwei bis drei Wochen durchgeführt werden – wissen die Schüler und Schülerinnen bald, worauf es ankommt und machen selbst auch Vorschläge für Variationen. Absprachen zwischen den Fachlehrern sollten aber verhindern, dass die Methode zu oft eingesetzt wird.
- *Offenheit für ›wirkliche‹ Probleme.* Die Diskussion von Pseudo-Problemen bereitet oft weniger Mühe und ist für alle weniger anstren-

gend, aber sie ist für das moralische Lernen zumeist auch weniger ergiebig.

- *Offenheit für die Grenzen der Methode.* Die Diskussion moralischer Dilemmata ist eine sehr leistungsfähige Methode zur Förderung moralischer Kompetenzen bei Heranwachsenden, aber moralisches Lernen bedarf mehr als nur dieser Methode. In gewissem Sinne sind alle Sachfächer ›moral-relevant‹, nämlich indem auch sie notwendig sind, um die moralische Dimension naturhafter und technisch-ökonomischer Vorgänge zu begreifen« (a.a.O., S. 80f.).

Kriterien zur Entwicklung von Dilemmata

Die folgende Checkliste dient der Auswahl und eigenen Entwicklung von Dilemma-Situationen für den Einsatz im Unterricht:

Checkliste

für die Entwicklung von edukativen semi-realen (hypothetischen) moralischen Dilemmata

(die Antwort sollte immer Ja sein)

- Liegt eine Zwangslage vor?
- Ist es eine moralische Zwangslage?
- Wird Neugier, Empathie und Spannung ausgelöst?
- Werden keine Ängste ausgelöst?
- Lassen sich keine leichten Auswege aus der Zwangslage finden?
- Ist die Geschichte kurz und verständlich dargestellt? (Maximal eine halbe Seite.)
- Wird im ersten Satz gleich gesagt, dass ein Dilemma vorliegt und wer das Dilemma entscheiden muss?
- Hat die Dilemma-Person einen Namen?
- Ist das Dilemma für die Altersgruppe geeignet, in der es benutzt werden soll?
- Führt das Dilemma zu Abstimmungsergebnissen von ca. 50 : 50? (Bei Ergebnissen von 70 : 30 oder mehr sollte keine Diskussion geführt werden.)
- Wird das Dilemma bei der Erprobung von den Schülern so verstanden, wie es von mir gemeint war?
- Enthält das Dilemma Bezüge zu öffentlichen Diskussionen, die für neue Schülergenerationen nicht (mehr) aktuell sind?
- Ist die Darstellung des Dilemmas realistisch und glaubwürdig?

(Aus: Lind 2003, S. 81)

4.6 Die Gestaltung des Schullebens

Schulprogramm

Eine dauerhafte Förderung der moralischen Urteilsfähigkeit und einer stabilen verantwortungsvollen Wertebindung ist auf ein Erfahrungsfeld Schule angewiesen, das in konsequenter Weise den verantwortlichen und fürsorglichen Umgang miteinander vorlebt und ihn somit glaubwürdig vertritt.

Eine Möglichkeit, wie Schule dafür Sorge tragen kann, ihren Schülerinnen und Schülern einerseits das Erleben eines verantwortungsvollen Werte- und Regelsystems zu ermöglichen und sie gleichzeitig in der Entwicklung ihrer moralischen Urteilsfähigkeit zu fördern, ist die Verankerung dieser Ziele und ihre praktische Umsetzung im *Schulprogramm*.

4.6.1 Schulprogramme als Instrumente der Schul- und Unterrichtsentwicklung

innerschulische Verständigung und Zusammenarbeit

Ein Schulprogramm gilt als »das zentrale Instrument der innerschulischen Verständigung und Zusammenarbeit, die darauf gerichtet sind, die Qualität der Bildungs- und Erziehungsarbeit weiterzuentwickeln und auf einem hohen Niveau nachhaltig zu sichern« (RdErl. des MSWF NRW v. 25.6.1997, zit. n. Landesinstitut für Schule 2002, S. 9). Wenn von Schulprogramm die Rede ist, so werden häufig auch die Begriffe »Leitbild« und »Schulprofil« bzw. »Profilierung« genannt.

Die Begriffe »Leitbild«, »Schulprofil« und »Schulprogramm«

»Leitbild« als Orientierungspunkt

Der Begriff »Leitbild« kann nach Philipp und Rolff nicht auf eine pädagogische Tradition aufbauen, sondern stammt ursprünglich aus dem Bereich der Wirtschaft und Verwaltung. Ein Leitbild ist dort als ein »maßgeschneiderter Orientierungspunkt für einzelne Betriebseinheiten« oder auch »kurz und knackig« formulierte Philosophie eines ganzen Unternehmens zu verstehen (Philipp/Rolff 1998, S. 14).

pädagogische Grundhaltung

Dementsprechend sind auch *schulische Leitbilder* zu kennzeichnen als die – in wenigen Leitsätzen oder auch einzelnen Wörtern ausgedrückte – gemeinsame Grundhaltung der an einer Einzelschule beteiligten Personen. Ein schulisches Leitbild soll somit nicht nur als Bezugspunkt für das alltägliche Handeln in der Schule dienen, sondern gleichzeitig auch – als Ausdruck des gemeinsamen »Zukunftswillens einer Schule« – den Ausgangspunkt der (Einzel-)Schulentwicklungsarbeit darstellen (a.a.O., S. 15).

Grundsätze schulischer Werteerziehung im Leitbild

Im Leitbild können demnach Grundsätze der einzelschulischen Werteerziehung z.B. *Erziehung zur Demokratiefähigkeit, Erziehung zur Übernahme von Verantwortung oder Förderung der moralischen Urteilsfähigkeit* verankert werden, die sich als pädagogische Grundorientierung im Schulprogramm wieder finden und die Grundlage für konkrete konzeptionelle Maßnahmen, d.h. des Arbeitsprogramms, bilden. Darunter sind z.B. Vorhaben wie die Einrichtung einer Vollversammlung (vgl. 4.6.2), Patenschaftsmodelle, Streitschlichterprogramme u.a.m. zu nennen. Formuliert werden kann ein solcher Grundsatz z.B. in folgender Weise:

> »**Umgang mit globalen Problemen:** Wir wollen eine Schule, die ein Bewusstsein für globale Fragen weckt und fördert. Wir wollen uns einen Über- und Durchblick in puncto ökologischen, gesellschaftlichen und politischen Strukturen schaffen können und für die daraus resultierenden Probleme sensibilisiert werden. Die Bereitschaft zur konstruktiven Auseinandersetzung mit einem Problem und zum Finden praktischer Lösungsansätze soll geschaffen werden« (Rolff u.a. 1998, S. 118).

> »Das *Schulprogramm*« kann vor diesem Hintergrund – so Philipp und Rolff – als ›das Programm zur Realisierung der Leitsätze‹ angesehen werden. Es soll neben einer Beschreibung der ›Grundphilosophie‹ (a.a.O., S. 16) und der ›grundlegenden pädagogischen Ziele einer (Einzel-)Schule‹ auch die notwendigen Aussagen über ›die Wege, die dorthin führen, und Verfahren, die das Erreichen der Ziele überprüfen und bewerten‹ beinhalten (RdErl. des MSWF NRW vom 25.6.1997, zit. n. Landesinstitut für Schule 2002, S. 9).

Zu beachten gilt es, dass ein Schulprogramm – genau wie das ihm zugrunde liegende Leitbild – als »Angelegenheit der ganzen Schulgemeinde« zu verstehen ist. Dies bedeutet, wenn ein Schulprogramm »zur bewussten und von der Schulgemeinde aktiv betriebenen Weiterentwicklung der Schule« führen soll, so ist auch seine Erarbeitung nur denkbar als gemeinsame Tätigkeit von Lehrern, Schülern, Elternschaft und nichtlehrendem Personal. Ist diese Zusammenarbeit nicht gegeben, so kann es als nahezu sicher gelten, dass das Schulprogramm »ein Stück Papier« bleibt oder mit ihm allenfalls »ein Prozess der Klärung des Selbstverständnisses« – nicht aber gelingende Einzelschulentwicklung – verbunden ist (Philipp/Rolff 1998, S. 16).

Bei einem Schulprogramm geht es insbesondere um den damit verbundenen »Arbeits- und Gestaltungsprozess«, »bei dem alle Beteiligten

Definitionen

Leitbild, Schulprofil und Schulprogramm

Leitbild

»Im Leitbild wird die Grundhaltung formuliert, nach der sich die Organisation in allen ihren Tätigkeiten nach außen und innen orientiert.«

(Lotmar/Tondeur 1993, S. 227)

Schulprofil

»Das Profil ist Ausdruck bestimmter Aktivitäten, Verhaltensweisen und Gegebenheiten, die in irgendeiner Weise hervortreten.«

Jede Schule hat ihr eigenes Profil, ob sie sich dessen bewusst ist oder nicht. [...] Es ist in gewisser Weise zufällig.«

(Philipp/Rolff 1998, S. 17)

Schulprogramm

»Das Schulprogramm zeichnet sich durch eine in sich konsistente, ganzheitliche Konzeption aus, die durch einen hohen Grad an Konsensfähigkeit über Zielvereinbarungen aller am Schulleben Beteiligten zustande kommt.«

»Ein Schulprogramm ist Ausdruck planvoller pädagogischer Schulgestaltung.«

»Ein Schulprogramm mag sich durchaus entwickeln aus Merkmalen des eher zufällig gewachsenen Schulprofils. Doch ist dieser Zusammenhang nicht linear. Es ist ebenso möglich, dass sich aus einem Schulprogramm ein neues verändertes Profil entwickelt, gleichsam ein Schulprofil höherer Ordnung.«

(Philipp/Rolff 1998, S. 17)

Prozesscharakter der Schulprogrammarbeit

in der Schule ... auf der Grundlage der Richtlinien und Lehrpläne längerfristig und gemeinsam Bestandsaufnahmen, Zielvereinbarungen, Planungen und deren Umsetzung zur erzieherischen Arbeit und zur inhaltlichen, methodischen und organisatorischen Gestaltung des Unterrichts und der Schule entwickeln, verwirklichen, überprüfen und dokumentieren« (Eikenbusch 1998, S. 195). Um dem Prozesscharakter der Schulprogrammarbeit gerecht zu werden, schlagen Fleischer-Bickmann/Maritzen (1998) eine Dokumentation und Verschriftlichung in Form einer »Schulentwicklungskladde« vor, die parallel zum gemeinsamen Arbeits- und Gestaltungsprozess erweitert und fortgeschrieben wird bzw. werden kann.

Modell der Schulprogrammarbeit

Folgende Handlungsschritte bzw. Gliederungspunkte von Schulprogrammarbeit und Entwicklungskladde als ein Grund- bzw. Idealmodell von Organisationsentwicklung werden vorgeschlagen (vgl. Diekmann/Jürgens 2003):

Bestandsaufnahme + Zielsetzung

1. Situationsbeschreibung der Schule
   Welches sind die Stärken und Schwächen der Schule?
   Was sind die konkreten Bedingungen des Handelns? …
2. Die pädagogische Grundorientierung der Schule
   (Leitsätze, Schulleitbild)
   Was ist Konsens in Fragen des Unterrichtens und Erziehens?
   Was ist strittig? …
3. Ziele und Perspektiven für die weitere Arbeit
   Welche Ziele setzt sich die Schule langfristig?
   Welche Grundsätze will sie konkretisieren? …
   - Schwerpunkte von Unterrichts- und Erziehungsarbeit (inhaltlich, methodisch, organisatorisch)
   - Kooperations- und Partizipationsstrukturen
   - Personal- und Ressourcenmanagement

Maßnahmenorientierung + Handlungskonzept

4. Arbeitsprogramm
   An welche Stärken soll angeknüpft werden?
   Welche Probleme sollen gelöst werden?
   Welche konkreten Ziele werden gesetzt?
   Welcher Zeitrahmen ist nötig?
   Wer übernimmt die Verantwortung? …
5. Unterstützungsbedarf
   (Fortbildungs- und Beratungsbedarf, Ressourcen)
   Welche Ressourcen werden eingesetzt?
   Welche Fortbildungsmaßnahmen sind zur Unterstützung notwendig? …
6. Ergebnisüberprüfung und Evaluation
   Wann soll im Hinblick auf die formulierten Ziele Bilanz gezogen werden?
   Wie hat sich die Situation der Schule verändert?
   Hat sich der pädagogische Konsens weiterentwickelt?

Strittmatter (1997) schlägt übrigens bei der Leitbildentwicklung eine Trennung zwischen den kurz- und mittelfristig erreichbaren Absichten und den erst langfristig zu realisierenden Zielen vor. Auf diese Weise kann verhindert werden, dass aufgrund sehr »hochgesteckter« Ziele, deren Erreichen sich als kompliziert, widerstandsreich und langwierig erweist, eine Ermüdung bzw. Frustration der Beteiligten entsteht, die möglicherweise schließlich zur Aufgabe des gesamten Projektes führt.

Kurz-, mittel- und langfristige Ziele

Leitbild im Widerstreit der Ansprüche

einerseits:	*andererseits:*
zukunftsorientiert/eher idealtypisch;	realistisch; d.h. mittelfristig erreichbar sein;
komplex, vielperspektivisch und kohärent;	praktikabel, knapper Umfang und gut strukturiert;
klare, präzise Sprache;	konsensfähig;
revisionsfähig, muss bei Bedarf rasch veränderbar sein.	ansprechende Aufmachung, gutes Layout.

(Nach Strittmatter 1997, S. 94/95)

Anschließend sollen zwei Beispiele vorgestellt werden, wie eine Schule als Ganzes ihren Schülerinnen und Schülern das Hineinwachsen in eine demokratische Schulgemeinschaft und zugleich die Mitgestaltung einer solchen ermöglichen kann.

Beispiele für demokratische Schulgemeinschaften

4.6.2 Just Community – die »Gerechte Gemeinschaft«

Das von Kohlberg entwickelte Modell der Just Community hat das Ziel, aufgrund von Partizipation moralische Urteilsfähigkeit zu entwickeln, moralisches Handeln möglich zu machen und die tatsächliche Demokratisierung einer sehr bedeutsamen Lebenswelt der Schülerinnen und Schüler mit entsprechender Normenintegration zu fördern. Im Vordergrund stehen somit Lerngelegenheiten, die sich auf die reale Lebenswelt beziehen und aus diesem Grund Konsequenzen für die weitere Gestaltung genau dieses Zusammenhangs haben.

Entwicklung moralischer Urteilsfähigkeit durch Partizipatien

> »Wir gingen davon aus, dass Moralerziehung am besten in einem System partizipatorischer Demokratie vor sich geht: eine Person – eine Stimme, ob Schüler oder Lehrer. In einer demokratischen Schule treten die Lehrer durchaus für bestimmte Standpunkte ein; sie indoktri-

nieren aber nicht oder verkünden Werte auf der Grundlage ihrer Autorität als Lehrer. Ihre Auffassungen setzen sich nur dann durch, wenn sie – was üblicherweise der Fall ist – die Summe der höheren Stufen und der Vernunft repräsentieren. … Mit der Idee der sich im demokratischen Prozess ausdrückenden Fairness eng verbunden ist die *Idee der Verantwortlichkeit*. Um sich gerecht zu verhalten, müssen Schüler nicht nur über Fairness nachdenken, sondern sie müssen verantwortliche Handlungsschritte in Richtung der Gerechtigkeit unternehmen. Die Verantwortung dafür, Regeln aufzustellen und ihnen Geltung zu verschaffen, bewirkt echte Verantwortlichkeit. … Wir nennen unseren Ansatz den Ansatz der »Gerechten Gemeinschaft« (Just Community), weil er den Akzent nicht nur auf Demokratie und Fairness legt, sondern auch auf das Gefühl der Fürsorge füreinander und auf den Sinn dafür, Teil einer Gruppe zu sein, die stolz auf sich sein will – wir sprechen zusammenfassend von einem Gemeinschaftssinn« (Kohlberg 1987b, S. 39f.; *Hervorhebung J.S.*).

Das Projekt einer Gerechten Schul-Kooperative im Rahmen einer öffentlichen High School, gefördert von der Kennedy sowie der Danforth Stiftung, sollte Kohlbergs Theorie der moralischen Entwicklung in die Praxis umsetzen.

Während der Planung des Projekts wurden folgende Grundsätze erarbeitet:

Grundsätze

- »Die Leitung der Schule beruht auf direkter Demokratie, wobei Lehrer und Schüler gleichberechtigt sind und jeweils eine Stimme haben. Daraus folgt: (a) Regeln werden nicht vorab, sondern erst auf der Grundlage einer Übereinkunft zwischen Lehrern und Schülern definiert; (b) über alle wichtigen Fragen der Verwaltung, Schulordnung und Programmatik wird in einer (wöchentlichen) Vollversammlung entschieden.
- Die leitenden Organe und Vollversammlungen sollten Problemlösungen auf der Grundlage von Fairness- und Moral-Gesichtspunkten erarbeiten.
- Das Curriculum der Schule beinhaltet (insbesondere in den Sozialwissenschaften) entwicklungsfördernde Moraldiskussionen und setzt einen besonderen Schwerpunkt auf das grundlegende Verständnis der Ideen der Demokratie, des Rechts und der Gerechtigkeit. Die Unterrichtsdiskussionen über Moral, Recht und Demokratie sind rückgekoppelt an Entscheidungen und programmatische Beschlüsse der Vollversammlungen sowie an die Beziehungen der Schule zum übergreifenden Schulsystem und zur Gesellschaft« (Lawrence u.a. 1978, S. 215).

pädagogische Ziele

Die wesentlichen pädagogischen Ziele des Projekts waren neben der Entwicklung des moralisches Denkens durch die Errichtung einer Schulgemeinschaft, die sowohl von Lehrern als auch Schülern als fair und gerecht erlebt wird, die Übereinstimmung zwischen dem offenen und heimlichen Curriculum.

Die Theorie der Just Community orientiert sich an John Deweys demokratischem, entwicklungsorientiertem Ansatz, nach dem die Schule ihr Ziel im – kognitiven und moralischen – Entwicklungsfortschritt des einzelnen Schülers sieht. Damit einher geht die Erkenntnis, dass »ein Engagement der Schule für die Entwicklung eines individuellen Gerechtigkeits-Bewusstseins … auch ein Engagement (der Schule wie des einzelnen Schülers) für eine gerechtere Gesellschaft [impliziert], und umgekehrt. … Das letztendliche Ziel der Entwicklung des Einzelnen wie der Gesellschaft ist eine höhere Ebene moralischen Bewusstseins und Handelns. Erziehung trägt zum sozialen Fortschritt primär dadurch bei, dass sie die moralische Entwicklung des Einzelnen wie der Gesellschaft fördert« (a.a.O., S. 222).

moralische Qualität pädagogischer Methoden

Schule darf vor diesem Hintergrund nicht nur unter dem Aspekt adäquater Methoden der Moralerziehung wie des »Unterrichts« wahrgenommen werden, sondern die moralische Qualität der pädagogischen Methoden selbst ist in gleichem Maße zu hinterfragen. (So mag zwar unter bestimmten Aspekten der instrumentelle Einsatz von Belohnungen für erfolgreiches Lernen wirksam sein, für die Förderung der moralischen Entwicklung ist er hingegen völlig inadäquat.) Das heißt, ist Gerechtigkeit ein Ziel von Erziehung, muss Gerechtigkeit zugleich ein Aspekt der zugrunde gelegten Methode sein.

Schule als soziale Einheit

Moralische Entwicklung ist darüber hinaus in jeder Hinsicht ein sozialer Vorgang, daher ist das Erziehungsziel der moralischen Entwicklung auf die Schaffung moralischer, d.h. gerechter Interaktionsstrukturen angewiesen. »Die moralische Entwicklung einer Schule … betrifft Gerechtigkeit als Strukturmerkmal und somit die Schule als soziales Ganzes« (a.a.O., S. 223). Die Aufhebung der Trennung von Zielen und Methoden in der Pädagogik verabschiedet zugleich jeden Widerspruch zwischen dem Nutzen für den einzelnen Schüler und dem Nutzen für die Gemeinschaft. Entwicklungsorientierte Moralerziehung differenziert somit weder zwischen Methoden und Zielen, noch zwischen dem individuellen und dem kollektiven Nutzen der Schule.

Strukturmerkmale einer gerechten Schule

Als Strukturmerkmale einer gerechten Schule lassen sich folgende bezeichnen:

- »Die Schule berücksichtigt die Rechte jedes einzelnen Schülers und Lehrers. Aus der Anerkennung dieser Rechte folgt, dass Schüler und Lehrer als grundsätzlich gleichrangig und gleichberechtigt gelten.

- Die Schule ist für alle offen; sie kennt weder Rassentrennung noch Klassenschranken, ihre Schüler gehören vielmehr verschiedenen Rassen und sozialen Klassen an.
- In Entscheidungsprozessen werden alle Rechte, Interessen und Meinungen berücksichtigt; die Schule ist also demokratisch« (a.a.O.).

(in-)direkte Bedingung der Moralentwicklung

Die Just Community beruht auf einer gemeinsamen Sache, gemeinsamen Zielen und auf gemeinsam getragenen Normen und Einstellungen. Die in Kohlbergs Theorie erarbeiteten Bedingungen der Moralentwicklung lassen sich in zwei Kategorien einteilen:

- *Direkte Bedingungen*: Struktur der Gruppendiskussion und -interaktion in Versammlungen.
  So bieten Kleingruppensitzungen, Disziplinarausschuss-Sitzungen und Vollversammlungen allen Schülerinnen und Schülern unmittelbar die Möglichkeit der aktiven wie auch passiven Teilnahme an moralischen Überlegungen und Entscheidungsvorgängen und veranlassen diese hierdurch zu reiferem moralischen Denken und Urteilen.
- *Indirekte Bedingungen*: Faktoren der allgemeinen moralischen Atmosphäre der Schule.
  Maßgeblich für das moralische »Klima« ist die Einschätzung der Regeln und Disziplinstruktur der Schule, des Kollegiums und ihrer Peer Group durch die Schülerinnen und Schüler im Vergleich zu ihrer eigenen moralischen Beurteilung, beispielsweise die Gerechtigkeit der Schule bzw. des Gemeinschaftsgeistes betreffend. Nach Kohlberg u.a. wird die moralische Entwicklung von Kindern und Jugendlichen durch ein positives moralisches Klima unter folgenden Gesichtspunkten gefördert:
  - »*Demokratie* – Regelungen und Entscheidungen, für die sich die Schüler verantwortlich fühlen (da sie diese selbst beschlossen haben), stimulieren die Entwicklung fortgeschrittener moralischer Orientierungen.
  - *Gerechtigkeit* – die Erfahrung, dass Regeln und Entscheidungen auf fairer Grundlage zustande gekommen sind, führt zu erhöhter Wertschätzung und tieferem Verständnis von Gerechtigkeit als Basis von Entscheidungsprozessen.
  - *Bewusstsein der Gemeinsamkeit* – die Erfahrung, dass sich die Gruppe für den Einzelnen und der Einzelne für die Gruppe einsetzt (Kooperativ-Bewusstsein), schafft eine positive moralische Atmosphäre, die die Entwicklung fördert« (1978, S. 234).

Zusammenfassend kann die moralische Gemeinschaft durch nachfolgende Kennzeichen charakterisiert werden:

- Sie stellt eine Bezugsgruppe mit bestimmten Moralregeln und Erwartungshaltungen dar;
- diese Normen und die Art ihrer Durchsetzung werden von allen Mitgliedern als gerecht angesehen;
- die Gruppe erhält rechtmäßige Macht zur Durchsetzung dieser Normen;
- die Gruppe setzt sich für alle Mitglieder gleichermaßen moralisch ein; die Mitgliedschaft impliziert ihrerseits den Einsatz für die Gruppe und ihre Zielsetzungen (vgl. a.a.O., S. 236).

Die Mitglieder der moralischen Gemeinschaft werden unter diesen Bedingungen »(a) auch diejenigen Gruppennormen inhaltlich akzeptieren, die zugunsten anderer eigene Freiheiten und Interessen einschränken; (b) sich tendenziell auf die nächst höhere Moralstufe zubewegen, sofern das moralische Klima einer höheren Stufe entspricht; und (c) zu einer neuen Ebene des moralischen Verantwortungsbewusstseins gelangen, d.h. sich verpflichtet fühlen, gemäß der höchsten Stufe ihres Moralverständnisses zu handeln« (a.a.O.).

Die grundlegenden Elemente der Struktur der Just Community

Strukturelemente

Das Lehrerkollegium
- sollte auf freiwilliger Basis angeworben werden;
- sollte die Philosophie der Just Community verstehen und sich für deren praktische Verwirklichung engagieren;
- sollte es unterstützen, Verantwortung mit den Schülerinnen und Schülern zu teilen;
- sollte untereinander gleichberechtigt sein, Machtpositionen sollten nur auf Zeit und in einem rotierenden Verfahren übernommen werden;
- der jeweilige Vorsitzende vertritt die Schule bei allen Anlässen, die einen »Administrator« erfordern. Vor jeder wichtigen Entscheidung wird das gesamte Kollegium konsultiert. Der Vorsitz wechselt jeweils monatlich.

Die Schüler
- müssen sich freiwillig der Cluster School anschließen;
- müssen die Bereitschaft haben, den von der Gemeinschaft geschlossenen Sozialvertrag anzuerkennen (dabei können und sollen sie sich für die Veränderung jeder Regel einsetzen, die sie für ungerecht oder anderweitig verbesserungsbedürftig halten);
- wichtig ist eine breite Streuung sozialer Schichten und ethnischer Herkunft.

Die Vollversammlung
- stellt das höchste Entscheidungsgremium dar, das in programmatischen wie organisatorischen Fragen das letzte Wort hat;
- ist für den Aufbau der für die grundsätzliche Funktionsfähigkeit der Schule erforderlichen Regelungen zuständig;
- regelt Probleme aufgrund von individuellen »Krisen«situationen wie auch
- Probleme aufgrund vom Disziplinarausschuss eingebrachten Bestrafungsanträgen;
- ist ausschlaggebend für die Überprüfung und Neuformulierung der ursprünglich beschlossenen Regeln;
- hat entscheidende Funktion als Forum des kontrollierten Konflikts und des Meinungsaustausches über Fragen der Gerechtigkeit (die wichtigsten Tagesordnungspunkte der wöchentlichen Vollversammlungen werden vom Lehrerkollegium und einigen Vertretern der Schülerschaft eingehend vorbereitet);
- die verschiedenen Tagesordnungspunkte der Vollversammlung werden am Tag vorher in den Kleingruppen besprochen.

Kleingruppen
- sind in gewisser Weise Vollversammlungen in kleinerem Maßstab und gehen diesen voraus, sodass Fragen und Argumente zu dort anstehenden Fragen vorgeklärt werden können (Hinweis: Das Führen einer Diskussion über moralische Begründungszusammenhänge in einer Gruppe mit mehr als zehn Mitgliedern ist problematisch);
- eröffnen aufgrund intensiver Beteiligung an Moraldiskussionen und vermehrter Gelegenheit zum Wechsel der Rollenperspektive besonders günstige Möglichkeiten der moralischen Entwicklung;
- sind unverzichtbar für den Aufbau eines funktionsfähigen Organisationsmodells und die Festigung des Kooperativ-Bewusstseins.

Die Beratungsgruppe
Jede Schülerin und jeder Schüler hat einen Beratungslehrer. Beratung und Betreuung erfolgen in demokratisch organisierten Kleingruppen, den Beratungsgruppen. Diese Gruppe soll den Schülern einen zusätzlichen Rückhalt geben, denn sie können dort, in einer verständnisvollen Atmosphäre, persönliche oder unterrichtsbezogene Probleme besprechen und Lösungsvorschläge einzelner Schüler oder Lehrer diskutieren. Zugleich stellt die Beratungsgruppe für die Schüler eine Möglichkeit dar, untereinander Probleme zu diskutieren, die keine Fälle für den Disziplinarausschuss sind. Darüber hinaus wird mit Formen der gegenseitigen Beratung experimentiert.

Der Disziplinarausschuss
Ist ein repräsentativ zusammengesetztes Gremium. Die ihm angehörenden Schüler werden von den Beratungsgruppen im Losverfahren delegiert und müssen diesen wöchentlich über die Arbeitsergebnisse und im Anschluss diskutierten Probleme berichten. Drei weitere Mitglieder werden von der Vollversammlung, ebenfalls nach dem Zufallsprinzip, entsandt; sie nehmen an allen Ausschusssitzungen als aktive Beobachter teil und vertreten – in rotierender Reihenfolge – abwesende stimmberechtigte Mitglieder. Das Kollegium ist im Ausschuss mit einem durch das Los delegierten Lehrer, der volles Stimmrecht hat, vertreten. Alle Ausschussmitglieder bleiben acht bis zehn Wochen im Amt, nach Ablauf dieser Periode werden alle Mitglieder durch neue ersetzt. Durch das Rotationsverfahren sollen alle Mitglieder die Möglichkeit erhalten, mittels der verschiedensten, für die Gerechte Gemeinschaft wichtigen Fragen, ihre Urteilsfähigkeit zu schärfen.

4.6.3 Modellversuch der Gerechten Gemeinschaft

Just Community im deutschsprachigen Raum

Das Modell der Just Community bzw. der »Gerechten Schulgemeinschaft« wurde in Nordrhein-Westfalen von 1985 bis 1989 in drei Schulen – einer Hauptschule, einer Realschule und einem Gymnasium – im Rahmen des von der Landesregierung geförderten Programms »Demokratie und Erziehung in der Schule« (DES) eingeführt (vgl. Dobbelstein-Osthoff u.a. 1991; Lind/Althoff 1992). In der Schweiz gibt es ebenfalls einige solche Schulmodelle. Die Anpassung an deutsche und schweizerische Schulen erforderte einige wesentliche Veränderungen an Kohlbergs Modell. Darüber hinaus wurde gegenüber der ursprünglich moral- und entwicklungspsychologisch ausgelegten Konzeption eine pädagogisch orientierte Schwerpunktsetzung notwendig.

Die Gerechte Gemeinschaft zeichnet sich dadurch aus, dass auf der Grundlage eines mitbestimmenden Demokratiemodells in gewissen, das allgemeine Schulleben betreffenden Fragestellungen Gerechtigkeit hervorgebracht wird. Die Voll- bzw. Gemeinschaftsversammlung gilt auch hier als das Epizentrum der Gerechten Schulgemeinschaft.

Beteiligung, Mitbestimmung und Verantwortungsübernahme machen die Schule zu einem Lebensraum, mit dem sich Schüler und Lehrer identifizieren können und der zum Mittelpunkt demokratischen Verhaltens, pro-sozialen Handelns, moralischen Urteilens und der Entwicklung von geteilten Normen wird, also selbst initiierten und somit einfacher zu internalisierenden Sollensvorstellungen (vgl. Oser/Althoff 2001a).

Gestaltungsprinzipien der Gerechten Schulgemeinschaft

Wichtige Gestaltungsprinzipien der Gerechten Schulgemeinschaft sind nach Oser/Althoff (a.a.O.):

Entwicklung als Ziel der Erziehung

- *Entwicklung als Ziel der Erziehung.* Im Gegensatz zu der Schulung der praktischen Vernunft von Schülerinnen und Schülern ausschließlich an künstlichen, hypothetischen moralischen Dilemmata wird in diesem Modell die Urteilsbildung an realen Problemen des Schul- und Klassenlebens angeregt, um auf diese Weise das Erreichen einer höheren Stufe des moralischen Urteilens zu ermöglichen.
- *Das Verhältnis von Urteil und Handeln verbessern.* In der Gerechten Gemeinschaft fallen Urteil und Handeln eher zusammen, da das reflektierte, diskutierte, begründete und beschlossene Urteil institutionell in Handeln umgesetzt wird. Um eine Kluft zwischen diesen beiden Größen zu vermeiden, werden schulische Garantien eingebaut (z.B. kontrolliert ein gewählter Vermittlungsausschuss in unterstützender Weise die Handlungsausführung), und jedes Mitglied weiß, dass einem Urteil stets ein Zwang zum Handeln innewohnt.
- *Geteilte Normen entwickeln.* Das Entstehen von Normen durch Partizipation und gemeinsame Beschlüsse führt zu einer Basis von gemeinsam geteilten Normen, die im Bewusstsein einer jeden Schülerin und eines jeden Schülers existieren. Sie stellen das vertragliche Moment dar, das die Individuen trotz aller Unterschiedlichkeit ihrer Meinungen und Interessen vereinigt.
- *»Abfälle des Lebens« als Eigenerfahrungen.* Die im Allgemeinen von Lehrern und Schulleitung geregelten störenden und dysfunktionalen Probleme werden zum Ausgangspunkt für die Lernprozesse. Sie sind das Verbrauchsmaterial, das Strukturen erzeugt und den Aufbau von Verhaltensnetzen in der Gerechten Gemeinschaft möglich macht.

Demokratisierung

- *Demokratisierung als soziales Prinzip und als Lernangebot.* Hiermit ist die langsame und wohlüberlegte Übergabe von Entscheidungsmacht an die Schülerinnen und Schüler gemeint, denn Demokratisierung der Lebenswelt hat zur Konsequenz, dass die Gemeinschaft selbst entscheidet, was in der Versammlung der Gerechten Gemeinschaft im Abstimmungsverfahren und im Ausführungswillen der Beschlüsse zum Ausdruck kommt. Die Altersgruppe und der Entwicklungsstand der beteiligten Schülerinnen und Schüler sind daher das grundlegende Bestimmungsmoment bei der Auswahl der Vielfalt wie auch der Komplexität der zu behandelnden Themen.

Rollenübernahme

- *Rollenübernahme praktizieren.* Schüler sollen sich in der öffentlichen Versammlung durch den Prozess der Darlegung und Offenlegung von Bedürfnissen und Sichtweisen mit dem und den anderen emotional wie auch inhaltlich identifizieren. »Die Entwicklung des sozialen Verstehens, der Aufbau der Fähigkeit zur Übernahme von Perspektiven in der Familie und der Peergruppe – *der* ausreichende Gelegenheiten zur Rollenübernahme erfordert – wird als wichtige Voraussetzung für die Entwicklung des moralischen Urteils angesehen … Die vielfältigen klassen- und schulübergreifenden Aktivitäten in einer Gerechten Gemeinschaft sind darauf angelegt, dass die einzelnen Mitglieder sowohl die Motive als auch die Intentionen, Gefühle und Handlungsstrategien anderer zum eigenen Urteil in Beziehung setzen und so das Argument, der Standpunkt, die Bedürfnisse von anderen a) »verstehbar«, b) »nachvollziehbar« und schließlich sogar »akzeptierbar« für sie wird« (a.a.O., S. 244).

- *Eine Welt möglicher sozialer Selbstwirksamkeit schaffen.* Das Konzept der Just Community unterstützt die Entwicklung einer sozialen (und politischen) Selbstwirksamkeitsüberzeugung, denn jede durchgeführte Veränderung erhöht den Glauben daran, dass gemeinsame Anstrengungen zu einem gewünschten Ziel führen können. Neben der Erfahrung, dass das System durchaus veränderbar ist, entsteht die Überzeugung, dass ungerechte Zustände verändert werden können, ein Problem der Gemeinschaft lösbar ist und an externe Autoritäten gebundene, häufig wiederholte und unsinnige Handlungsweisen aufgehoben werden können.

soziale Selbstwirksamkeit

- *»Zu-Mutung« praktizieren.* »Lehrpersonen trauen ... ihren Kindern zu, beim ›großen Palaver‹ der Gerechten Gemeinschaft zu argumentieren, aufmerksam und vorurteilsfrei zuzuhören, authentisch zu votieren und auf diese Weise moralisch und sozial überzeugend das Leben der Schule mitzugestalten – obwohl sie wissen, dass dieses Zutrauen oft kontrafaktischer Natur ist. Die gemeinte Fähigkeit oder Bereitschaft ist tatsächlich längst noch nicht vollständig vorhanden« (a.a.O., S. 246). Dadurch, dass ernsthaft so getan wird, als könnten die Kinder bereits das, was man ihnen zutraut, erhalten diese überhaupt erst die Chance dazu, sich auch so zu verhalten.

Zu-Mutung/ Zutrauen

Die Elemente der Struktur des Schulmodells der »Gerechten Gemeinschaft«

Strukturelemente der Gerechten Gemeinschaft

Im Folgenden soll bei der Darstellung der von Oser/Althoff entwickelten Struktur nur noch auf die Elemente eingegangen werden, die von Kohlbergs Modell der Just Community deutlich abweichen (s. Abbildung auf S. 136).

- *Dilemmadiskussionen.* Jede Klasse sollte regelmäßig, möglichst sogar einmal pro Woche an (fächerspezifischen) Dilemmadiskussionen teilnehmen, in denen moralische Probleme bearbeitet und auf moralische Fragen moralische Antworten gesucht werden. Dies kann zu allgemeinen und hypothetischen moralischen Dilemmata sein oder auch zu echten in der Klasse auftretenden moralischen Konflikten.

hypothetische Diskussion versus reale moralische Konflikte

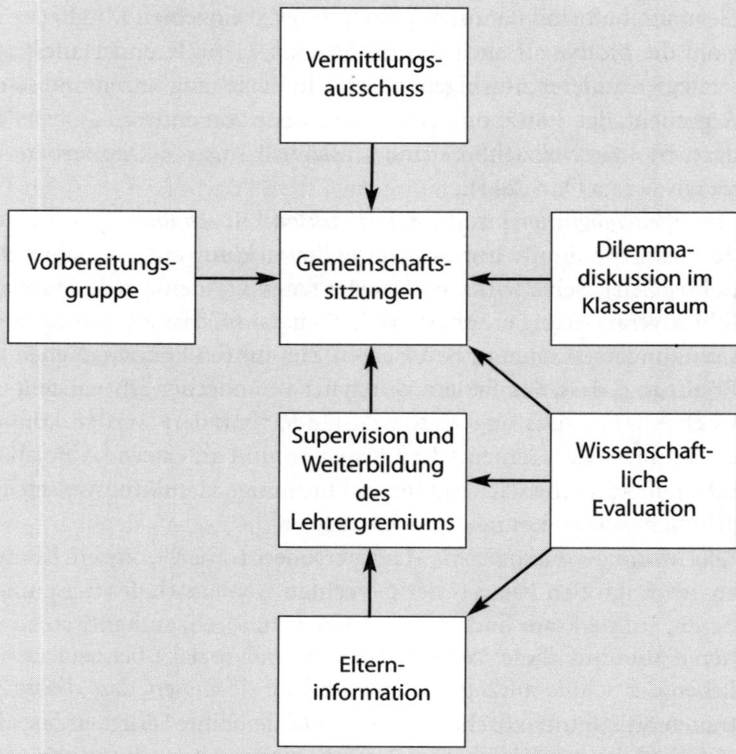

(Aus: Oser/Althoff 2001, S. 365)

Beratung und Fortbildung der Lehrenden

- *Die Begleitung des Lehrerkollegiums/Supervision und Weiterbildung des Lehrergemiums.* Unerlässlich für den Erfolg der Gerechten Schulgemeinschaft ist es, dass das Lehrerkollegium das gesamte Modell kennt, versteht und auch unterstützt. Zugleich müssen die theoretischen Grundlagen vom Kollegium verstanden werden. Daher sollten regelmäßige Zusammenkünfte der beteiligten Lehrerinnen und Lehrer stattfinden, bei denen die Theorie auf der entwicklungspsychologischen, philosophischen, soziologischen und schulpraktischen Ebene studiert wird, die jeweiligen Sitzungen der Gerechten Gemeinschaft analysiert und ausgewertet werden. Darüber hinaus Beratung und Motivation stattfindet sowie die Planung und Vorbereitung verschiedener Dilemmadiskussionen für die Klassen.
  Vor diesem Hintergrund wird die schulinterne Lehrerfortbildung als ein grundlegender Baustein für die Begleitung der Entstehung einer Gerechten Schulgemeinschaft betrachtet. »Lehrer und Lehrerinnen müssen den theoretischen Hintergrund eines jeden Schritts kennen,

um Misserfolge zu verstehen, Erschütterungen zu ertragen, Krisen zu meistern und aus ihnen zu lernen« (Oser/Althoff 2001a, S. 252).

- *Elterninformation.* Damit Eltern die Ziele der Gerechten Schulgemeinschaft unterstützen und bei Konflikten im Sinne des Modells mithelfen, eine Lösung zu finden ist es von Bedeutung, diese zu informieren und zur Mitarbeit anzuregen. Allerdings sollten sie – da sie nicht unmittelbar dem schulischen Leben angehören – an den Gemeinschaftssitzungen nur durch Vertreter teilnehmen.

Elterninformation/-arbeit

- *Wissenschaftliche Evaluation.* Von Bedeutung ist die beständige Auswertung der stattfindenden Prozesse sowohl unter den Kolleginnen und Kollegen aber auch im Sinne einer wissenschaftlichen Analyse. Insbesondere die dauernde Überprüfung im Kollegium ist ein maßgeblicher Aspekt für die kontinuierliche Funktionsverbesserung des Modells.

Evaluation

Einstiegsmöglichkeiten in eine Gerechte Schulgemeinschaft

Folgende organisatorische Möglichkeiten sind u.a. nach Oser/Althoff (2001) für den Start in eine Gerechte Schulgemeinschaft denkbar, wobei das Ziel stets bleiben sollte, die ganze Schule in das Modell einzubeziehen:

- Alle Jahrgangsklassen halten zusammen die jeweilige Gemeinschaftssitzung ab.
- Eine Schule bildet unterschiedliche räumliche Einheiten, sodass z.B. unterschiedliche Klassen in verschiedenen Flügel untergebracht sind. Die Gerechte Gemeinschaft umfasst dann eine solche räumliche Einheit. Stellt die sichtbar geteilte Verantwortung für klar abgegrenzte Bereiche eine klaren Vorteil für diese Verfahren dar, ergibt sich auch die Gefahr der Aufsplitterung aufgrund der unterschiedlichen Einheiten innerhalb einer Schule.
- Innerhalb der Schule schließen sich interessierte Lehrer mit ihren Klassen zusammen und bilden eine so genannte »Interessengemeinschaft Just Community«. Würden die bei dieser Vorgehensweise auf der Seite der Lehrer hochmotivierten und engagierten Personen sich gewiss sehr positiv auf das Projekt auswirken, bestünde der Nachteil dieses Verfahrens darin, dass die Gruppe der Beteiligten leicht einen nahezu »moralelitären Charakter« einnähme, was zu einer Segregation innerhalb der gesamten Schule führen könnte.
- Immer die Hälfte oder ein Drittel der Schülerinnen und Schüler nehmen, im Wechsel, an der Gemeinschaftssitzung der Gerechten Schulgemeinschaft teil. Die andere Hälfte bzw. die anderen Zweidrittel werden jeweils von den Teilnehmenden informiert. Gibt es schwerwiegende Einwände gegenüber Beschlüssen, kann ein »Rückkommensantrag« gestellt werden, der in der nächsten Sitzung behandelt wird.

Nach Oser/Althoff (a.a.O., S. 367) ist dieses Modell »sehr praktikabel und ermöglicht intensive Berührung vieler Schüler mit Prozessen der Demokratisierung und der Verantwortungsübernahme«.

- Schließlich ist auch die Beschränkung auf Dilemmadiskussionen in den Klassen möglich, wobei die Gerechte Gemeinschaft dann lediglich die einzelne Klasse umfasst. Vorteilhaft ist, dass dieses Modell ohne große strukturelle Veränderungen durch den einzelnen Lehrer eingesetzt werden kann. Allerdings wird bei diesem Verfahren ausschließlich die moralische Kompetenz von Schülerinnen und Schülern gefördert. Aufgrund der fehlenden Strukturveränderungen können Demokratiefähigkeit oder auch die Bereitschaft zur Verantwortungsübernahme nicht in gleichem Maße unterstützt werden, wie im ursprünglichen Modell. Mit anderen Worten: der klassenübergreifende Aspekt des Modells ist entscheidend, um Schule als Gemeinschaftserleben im Bewusstsein der Akteure zu verankern.

Ziel der größtmöglichen Beteiligung

»... in den Auseinandersetzungen mit latenten Regeln und Normen, mit dem moralischen Klima und mit den sozialen Reibungsflächen der Schule lernt der Einzelne nur, wenn er tatsächlich einbezogen ist. Je mehr er also teilnimmt, um so mehr Chancen einer Veränderung werden ihm gegeben. Die Frage ist also nicht, wie man Gerechtigkeit oder Demokratie als Organisationsform einrichtet, sondern die Frage lautet, wie man die Beteiligung von möglichst vielen Schülern und Lehrern garantieren kann« (Oser/Althoff 2001, S. 364).

4.7 Möglichkeiten der Realisierung im Klassenraum am Beispiel des Child Development Projects CDP

Schwerpunkte

Das unter der Leitung von Solomon et al. stattfindende CDP (Child Development Projekt) hat seine Schwerpunkte im *kooperativen Lernen*, der Bedeutung *demokratischer und prosozialer Werte, Schülerautonomie* und *-selbststeuerung*, einem *schülerzentrierten Unterrichtsstil* sowie einer *schülerzentrierten Klassenführung*. Es wurde zunächst in drei Elementarschulen eines vorstädtischen Schulbezirks durchgeführt und fand in Schülergruppen vom Kindergarten bis zur 4. Klasse und in einer Teilmenge dieser Gruppen bis zur Klasse 6 statt. Dabei handelte es sich um Schulen eines mittelschichtgeprägten vorstädtischen Schulbezirks in der San Francisco Bay, deren Schüler überwiegend weiß waren und aus Mittel- bis oberen Mittelschichtfamilien stammten.

Grundannahmen

Eine der Grundannahmen des Projektes ist, dass die sozialen Umgebungen, mit denen ein Kind konfrontiert wird, seine soziale, ethische und intellektuelle Entwicklung verbessern oder auch behindern können.

Die konsistente Erfahrung von Schulen und Klassen als »Gemeinschaften« kann die kindliche Entwicklung verbessern, indem die Bindung und Identifikation der Schüler mit ihrer Schule unterstützt wird. Schüler, die sich einer Gemeinschaft angehörig fühlen, in der sie wertgeschätzt und unterstützt werden und für die sie bedeutsame Beiträge leisten, werden sich zu einem engagierten Mitglied dieser Gemeinschaft entwickeln.

Schule als Gemeinschaft

Nach Definition von Solomon et al. (1996) wird eine Schule oder eine Klasse dann als Gemeinschaft wahrgenommen, wenn ihre Mitglieder

- einander kennen, sich umeinander kümmern und sich gegenseitig unterstützen sowie
- die Gelegenheit zur aktiven Teilnahme an Entscheidungen, Planungen und Zielsetzungen innerhalb der Klasse haben.

Die vom CDP für Schüler vertretene Sicht einer Schulgemeinschaft ist die einer demokratischen Gemeinschaft und damit sehr ähnlich zu der von Dewey (1916/1966).

Klassenprogramm

Das Klassenprogramm umfasst folgende Elemente in der Anfangsphase: »(a) Cooperative Learning, (b) Developmental Discipline, (c) Use of Literature and Other Means to promote Interpersonal Understanding of Discourse about prosocial Values, (d) Helping/Prosocial Activity und (e) School-wide and Parent Activities« (Solomon et al. 1996, S. 723).

kooperatives Lernen

- *Cooperative Learning.* Untersuchungsergebnisse weisen darauf hin, dass kooperatives Lernen sowohl die akademische als auch die prosoziale Entwicklung effektiv erhöht (vgl. Battistich et al. 1995). Der CDP-Ansatz für kooperatives Lernen ist in hohem Maße auf Zusammenarbeit ausgerichtet – die Schüler arbeiten voneinander abhängig in Paaren oder Gruppen, sie werden ermutigt, vernünftige und sachlogische Erklärungen in ihren Entscheidungsprozessen zu nutzen, und die Mittel spezifischer sozialer Werte (wie Fairness, Rücksichtnahme, Verantwortung) in ihrer gemeinsamen Arbeit zu diskutieren und anzuwenden. Die Lehrer geben Anleitung oder Rat, wenn er benötigt wird, aber die Schülerarbeit ist zum überwiegenden Teil selbst gesteuert. Die Schüler lernen, einander mit Respekt und Rücksicht zu behandeln, die Beiträge des anderen wert zu schätzen und eine aktive Rolle in der Entscheidung über die Aufgabenbearbeitung einzunehmen. Aufgabe der Lehrer ist es, sie dabei zu unterstützen, sich auf die intellektuellen Ziele und die zwischenmenschlichen Werte in ihren Aktivitäten zu konzentrieren

Klassenführung

- *Developmental Discipline.* Hierbei handelt es sich um das allgemeine Ziel in der Klassenführung, einen Gemeinschaftssinn zu entwickeln, indem respektvolle und vertrauensvolle Beziehungen zwischen Leh-

Ausübung von Autonomie innerhalb der Klasse

rern und unter den Schülern ausgebildet werden. Den Schülern werden bedeutungsvolle Gelegenheiten angeboten, um Autonomie, Selbstbestimmung und die Wahrnehmung von Einflussmöglichkeiten in der Klasse zu üben. Außerdem wird explizit soziales und ethisches Wissen unterrichtet.

In Zusammenarbeit mit dem Lehrer erhalten die Schüler eine aktive Rolle in der Klassenleitung. Sie helfen dabei, zu Beginn des Schuljahres Klassenregeln aufzustellen und das gemeinschaftliche Leben in der Klasse durch regelmäßige Besprechungen zu überprüfen und aufrechtzuerhalten. Die Kontrolle durch direkte Lehrerautorität wird minimiert und der Lehrer konzentriert sich darauf, den Schülern dabei zu helfen, Verantwortung für ihr eigenes Verhalten zu übernehmen. Vorfälle von Fehlverhalten werden – wenn möglich – anhand eines gemeinsamen Problemlösungs-Ansatzes behandelt (eher als durch Belohnung und Strafe).

Förderung des Gemeinschaftssinns

- *Use of Literature and Other Means to Promote Interpersonal Understanding of Discourse about Prosocial Values.* Dieser Aspekt des Programms trägt insofern zum Gemeinschaftssinn bei, als die Schüler arbeiten, nachdenken und diskutieren über zwischenmenschliche Beziehungen und die zugehörigen Werte sowie über Beziehungen und Werte, die zwischen verschiedenen Gruppen bestehen. Die Diskussionen werden ergebnisoffen geführt, um die Bedeutung zu betonen, die die unterschiedlichen Gedanken und Beiträge aller Klassenmitglieder haben, sowie die Bedeutung des gegenseitigen Zuhörens und des aufeinander Antwortens, ob nun in Form von Zustimmung oder Ablehnung. Das Lesen wie auch die Diskussionen sind so angelegt, dass sie den Schülern helfen, ihre Fähigkeiten und Neigungen zu entwickeln, die Gedanken, Gefühle, Bedürfnisse und Motive anderer zu verstehen und Gefühle der Empathie und der Identifikation mit Menschen auszubilden, die sich außerhalb der unmittelbaren Gruppe und der Umgebung befinden.

gegenseitige Unterstützung

- *Helping/Prosocial Activitiy.* Den Schülern wird regelmäßig die Gelegenheit geboten, sich gegenseitig zu helfen und auch die Schulgemeinschaft zu unterstützen, z.B. im Rahmen des schulweiten »Buddies«-Programm, ein Patenschaftsmodell, bei dem ältere Schüler mit jüngeren Schülern Paare bilden und mit ihnen an verschiedenen Aktivitäten teilnehmen (beispielsweise begleiten sie diese auf Ausflügen, helfen ihnen in akademischen Fragen oder auf andere Weise). Auf diese Weise können die älteren Kinder ihre wachsende Kompetenz wahrnehmen wie auch die Freude darüber, aufrichtig hilfsbereit gegenüber jüngeren Kindern zu sein. Die jüngeren Schüler wiederum bilden enge Beziehungen zu den älteren aus und erfahren Möglichkeiten der Hilfsbereitschaft, die sie ebenfalls anstreben können. Solcherart Aktivitäten sollen dazu beitragen, dass die Schüler sich als »vollwertige« Mitglieder ihrer Klassen sowie der Schule fühlen.

Eltern-/Familienarbeit

- *School-wide and Parent Activities.* Um den Gemeinschaftssinn in der Schule zu fördern, werden mit dem CDP zwei weitere Aspekte angestrebt: ein Familienprogramm, das die Eltern in ihren Zielen und Vorstellungen unterstützt (als Mitglieder des Schul-»Koordinationsteam«) und das über Termine und Ereignisse unterrichtet, die die Eltern und andere Familienmitglieder einschließen (z.B. eine gemeinschaftliche »Wissensmesse«), sowie ein schulübergreifendes Programm mit Ereignissen und Aktivitäten zur Ausbildung und Verbesserung der Verbindungen zwischen den verschiedenen Mitgliedern der Schulgemeinschaft (eingeschlossen die Buddies-Aktion wie schulübergreifende Hilfsaktionen).

Kooperationsgruppen

Im Rahmen des CDP wird dafür Sorge getragen, dass der Gemeinschaftssinn einer Gruppe nicht durch die Ausgrenzung und Stigmatisierung anderer Gruppen gewonnen wird. Um eine möglichst große Reichweite des Zusammenhalts zu erreichen, gibt es Kooperationsgruppen in den Klassen, deren Mitglieder periodisch wechseln. Auf diese Weise hat bis zum Ende des Schuljahres jeder Schüler in Gruppen mit allen anderen Schülern zusammen gearbeitet. Außerdem werden in der Schule eine Vielzahl schulweiter Aktivitäten unterstützt, bei denen Schüler aus verschiedenen Klassenstufen und Klassen ein gemeinsames Ziel verfolgen (z.B. wettbewerbsfreie Science-Ausstellungen, Dienstleistungsprojekte, Buddies-Projekt). Der Einsatz von Literatur, um die Erfahrungen der verschiedenen Gruppen zu klären und zu diskutieren, hilft den Schülern darüber hinaus, zwischenmenschliche Belange zu verstehen und ein über die unmittelbare Gruppe hinausgehendes Verständnis zu gewinnen.

Vielzahl schulweiter Aktivitäten

In den Klassen 4, 5 and 6 wurde unter anderem der Gemeinschaftssinn (»Sense of Community«) anhand von Fragebögen gemessen sowie die verschiedenen Schülerergebnisse durch Befragung und Interview gewonnen. Die Ergebnisse lassen darauf schließen, dass durch das durchgeführte Programm der Gemeinschaftssinn von Schülern erfolgreich gesteigert wurde und das der Gemeinschaftssinn – für sich allein und in Verbindung mit dem Einsatz des Programms – mit einer Reihe von Schülerergebnissen in positiver Beziehung steht. Vieles deutet darauf hin, dass Schüler, die ihre Klasse als eine Gemeinschaft erfahren, sich an die dort geltenden Normen und Werte zu halten versuchen und dass die Autoritätsstruktur einer Klasse eine wichtige Determinante für die von den Schülern erfahrene Gemeinschaft sowie für die von dieser ausgehenden Effekte ist. Nach Solomon et al. (1996) ist der soziale Kontext von Klassen und Schulen von besonderer Bedeutung für die Entwicklung von Kindern. Schülerinnen und Schüler, die ihre Erfahrungen von Schule als unterstützend und fürsorgend empfinden, werden sich mit größerer Wahrscheinlichkeit ihrer Schule verbunden fühlen und aus diesem Grund eher Haltungen, Beweggründe und Kompetenzen entwickeln, die von dieser Schule geschätzt und befördert werden.

Solomon et al. (1996; vgl. a. Battistich et al. 1995) haben Querschnittbefunde beschrieben die zeigen, dass der Gemeinschaftssinn von Grundschülern in Beziehung zu einer langen Reihe positiver Schülerergebnisse steht, eingeschlossen beispielsweise die Schulfreude, die Einstellung und Motivation dem Lernen gegenüber sowie verschiedene persönliche und soziale Haltungen, Motive und das Vermögen, Konflikte zu lösen, Außenseiterakzeptanz, prosoziale Motivation, altruistisches Verhalten, reduzierter Drogenkonsum und verringertes delinquentes Verhalten.

Lehrerzufriedenheit

Wiederholt zeigte sich nach Angaben von Solomon et al (a.a.O.) darüber hinaus der Zusammenhang zwischen Lehrerzufriedenheit und den Gefühlen der Selbstwirksamkeit von Schülern, den Schülerleistungen, der akademischen Motivation, der Verbundenheit zur Schule sowie dem zwischenmenschlichen Interesse und Verhalten.

Wenn die Gemeinschaftserfahrungen für Schüler so vorteilhaft sind, wie die Studien von Solomon et al. dies nahe legen, ist es wichtig, das Lehrerverhalten zu identifizieren, das diese Erfahrungen unterstützt bzw. möglich macht. Das Child Development Project hat genau dieses Ziel. Es konzentriert sich dabei auf die Klassenraumumgebung, die Schulumgebung und die Elternhaus-Schul-Beziehung.

4.7.1 Eine Pädagogik des Zutrauens

Im Zusammenhang mit Lehrerverhalten wie auch den Bedürfnissen junger Heranwachsender soll exemplarisch auf einen Arbeitsbericht von Glöckel (2004) verwiesen werden, der sich mit dem »Gelingen von Erziehung« auseinandersetzt. Im Vergleich von extremen Situationen der Fürsorgeerziehung sowie Reformschulen konnte er eine Reihe von Faktoren ermitteln, die sich ohne weiteres auch auf die öffentliche Regelschule übertragen lassen:

Bedürfnisse junger Menschen

»*Junge Menschen brauchen*
- eine erfüllte Gegenwart – und Perspektiven für die nähere und fernere Zukunft;
- Bewährung an konkreten Aufgaben vor Ort (›Arbeit‹) – und Lernen für später (›Schule‹);
- Teilhabe an der Bewältigung der Lebensnot – und Lebenserweiterung durch Musik, Literatur, Kunst, Sport, Abenteuer;

- einfache Lebensverhältnisse – und ›Schönheit‹ durch Sauberkeit, Pflege der Erscheinung, Schmuck, ästhetische Gestaltung der Umgebung;
- einen arbeitsreichen, geregelten Alltag – und ›Sonntage‹ mit Festen, Feiern, Fahrten;
- sinnvoll organisierte, bewährte und fest eingehaltene Ordnungen – die in der Durchführung flexibel, frei von Pedanterie sind;
- gelebte Traditionen – die zum reflektierten Selbstverständnis, zur bewusst bejahten ›Verfassung‹ werden;
- Zeit zum Einwurzeln solcher Ordnungen und Haltungen, eine gewisse Kontinuität der Zöglinge wie der Erzieher – und das Vermeiden von Erstarrung, den Mut zum notwendigen Wandel;
- eine frohe, heitere, von Zuversicht getragene Atmosphäre – und Phasen der Besinnung, der nachdenklichen Selbstprüfung;
- ›Dur-Stimmung‹, frei von Nabelschau und Selbstmitleid – und Verständnis für wirkliche persönliche Nöte;
- deutliche, notfalls harte Worte des Erziehers – mit pädagogischem Takt gesprochen im Einzelfall;
- geforderte und gelebte Moral – keine Moralpredigten;
- Disziplin innerhalb unüberschreitbarer Schranken – die einen möglichst weiten Spielraum für eigenes Handeln lassen;
- deutliche, u.U. harte Sanktionen bei Verstößen – auf die der Zögling Anspruch hat, weil er in ihnen Achtung erfährt;
- eine einheitliche pädagogische Linie des Erzieher-Kollektivs – bei durchaus erwünschter Eigenart der individuellen Erzieherpersönlichkeiten;
- lebende Vorbilder im täglichen Umgang – und ferne Ideale, ›Helden‹ als Leitbilder für die Fantasie;
- Führung durch Erwachsene – und Mitsprache, Mitverantwortung in klar festgelegten, lebenswichtigen Teilbereichen;
- Menschen, die man als Autoritäten achten kann – die nicht um Anerkennung buhlen und sie doch freiwillig zugesprochen erhalten.
- Was aber junge Menschen vor allem brauchen und was in all den genannten Bedingungen sich verwirklicht, ist ›*Zutrauen*‹. Es schließt ein: *Zuwendung – Vertrauen – Forderung – Herausforderung*. Aus ihnen allen spricht Achtung vor dem Menschen. Überzeugung von seinem *Wert* und seiner *Würde*. Sie ist Voraussetzung für seine *Selbstachtung*. Wo es an dieser fehlt, ist Erziehung machtlos. Wo sie besteht, kann Erziehung etwas bewirken. Sie kann freilich den Erfolg nicht garantieren; ihr Ausgang ist offen. Die Zöglinge sind Subjekte, die sich dem erzieherischen Anruf aufschließen, aber auch verweigern können. Wie wäre sonst ›Zutrauen‹ überhaupt möglich?

erforderliche Eigenschaften und Verhaltensweisen von Erziehern

Der Erzieher braucht demnach

- fundiertes Wissen, eine gute, gründlich durchdachte Theorie – und praktische Erfahrung in der Anwendung ihrer allgemeinen Sätze auf die jeweilige Situation;
- Einsatzbereitschaft für die ihm anvertrauten Menschen, Hingabe an seine Aufgabe – und Können, souveräne Beherrschung fachlicher Methoden und Techniken;
- Achtung vor dem jungen Menschen – aus der die Autorität fließt, ohne die er nichts bewirken kann, die ihm aber auch zuerkannt wird, wenn er sie verdient.
- Solche Forderungen können grundsätzlich an jeden Menschen gestellt werden, der sich der Aufgabe der Erziehung junger Menschen verschreibt, und ebenso an jede Institution – und damit dem in ihr wirkenden Erzieher-Kollektiv – die bzw. das sich dieser Aufgabe widmet. Einiges Bemühen setzen sie schon voraus, eines besonderen Charismas bedarf es nicht. Es macht, falls es dazu kommt, das Ganze natürlich leichter« (Glöckel 2004, S. 473f.).

Weil es keine theorielose Praxis gibt, ist der Hinweis auf das Vorhandensein einer gründlich durchdachten (wissenschaftlichen) Theorie nicht nur hilfreich, sondern ebenso konstitutiv. Damit gilt, dass je begründeter und bewährter eine Theorie vorliegt, desto besser sind die Chancen für die Realisierung individuell bedeutsamer und nachhaltiger Erziehungsprozesse.

4.8 Weitere Hinweise für die praktische Umsetzung

Entwicklung von Überzeugungen und Werthaltungen: Themenspiele

Nachfolgend sollen einige Beispiele vorgestellt werden, die sich unterschiedlichen, zuweilen mehreren Fächern zuordnen lassen. Es handelt sich hierbei um eine bewusst ausgewählte, keinesfalls auf Vollständigkeit bedachte Auswahl an Themen und Fächern, die eine Anregung für die weitere Themenfindung und Unterrichtsplanung bieten soll. Bei allen Themenstellungen steht stets im Vordergrund, dass die Schülerinnen und Schüler eigene Überzeugungen und Werthaltungen zu den aufgeworfenen Fragestellungen entwickeln sollen. Hierfür ist immer wieder eine Innenschau, ein unbeeinflusstes »In-sich-Gehen« erforderlich und den Lernenden sollte entsprechend Zeit zur Verfügung stehen. Zu beachten ist auch, dass (extremes) »Moralisieren« meist seinen Zweck völlig verfehlt, da die Gefahr besteht, dass es zu trotzigen Gegenreaktionen führt oder – noch problematischer – möglicherweise übermäßige Schuldgefühle bei Schülerinnen und Schülern auslöst.

Politik

- Die Menschenrechte (oder beispielsweise: Die Aufgaben und Ziele der Vereinten Nationen)
- Das Grundgesetz
- Aktuelles politisches Zeitgeschehen, d.h. beispielsweise (während des Verfassens dieses Buches) der Krieg der Vereinigten Staaten und Großbritanniens gegen den Irak im Jahr 2004 und dessen Folgen für die internationale Staatengemeinschaft (UNO).

Gesellschafts-, Sozialwissenschaften

- Medien (künstliche Paradiese?)
- Welche Werte verkauft die Werbung?
- Aktuelles Zeitgeschehen: Reform des Gesundheitswesens

Biologie

- Gentechnik (Segen oder Fluch?)
- Das Sterben der Artenvielfalt
- Aktuelles Zeitgeschehen: Das Sinken des Tankers »Prestige« im Frühjahr 2003

Chemie

- Kernenergie (im Vergleich zur Sonnen- oder Windenergie)
- Wasser (ein zunehmend rarer Rohstoff)
- Die CO_2-Problematik im Zusammenhang mit der Klimaveränderung

Informatik, EDV

Nutzen und Gefahren der Computertechnik, z.B.

- Datenschutz im Internet
- Verändert die virtuelle Welt des Computers unser Menschenbild?
- Verändert die Kommunikation über Internet unseren Umgang miteinander?

Religion

- Das »Nein« der katholischen Kirche zur Geburtenkontrolle
- Sterbehilfe
- Der Schleier im Islam
- Das Gleichnis vom »verlorenen Sohn«

Geschichte

- Die »Wertewelt« des Nationalsozialismus
- Der Drei-Stände-Staat
- Die Inquisition

Philosophie
- Werte: Was bedeuten diese für eine Gesellschaft? Wie entstehen sie? Wie verändern sie sich?
- Was ist Wahrheit?
- Was ist Gerechtigkeit?

Deutsch
Im Fach Deutsch lassen sich viele für die Werteerziehung relevante Themen behandeln, da mit dem Einsatz einer Klassenlektüre die unterschiedlichsten Inhalte in den Unterricht eingebracht werden können, z.B.
- Menschenwürde – Heinrich Böll: Die verlorene Ehre der Katharina Blum
- Krieg – Erich Maria Remarque: Im Westen nichts Neues
- Verantwortung – Wolfdietrich Schnurre: Auf der Flucht

Englisch
(Auch für anderen Fremdsprachenunterricht lassen sich Themen zur Werteerziehung beispielsweise aus der Geschichte oder dem aktuellen Zeitgeschehen/der Politik in dem jeweiligen Land finden.)
- Nord-Irland: Dauerhafter Konflikt zwischen Protestanten und Katholiken
- Diskriminierung der schwarzen Bevölkerung in den Vereinigten Staaten
- Die Geschichte der Aborigines in Australien

4.8.1 Methodische Hinweise

moralische Qualität der Methoden

Grundlegend bei dem Einsatz aller genannten Methoden ist die Frage nach deren *moralischer Qualität*. So vermitteln die Lehrer einerseits bereits durch ihre Wahl der Unterrichtsmethoden, andererseits durch ihre Art des unterrichtlichen Einsatzes den Schülerinnen und Schülern konkrete Wertvorstellungen.

Schülerzentrierung

- *Unterrichtsorganisation.* Neben dem lehrerzentrierten Unterricht (z.B. fragend-entwickelndes Unterrichtsgespräch bzw. erarbeitender Unterricht) und anderen Formen des Instruktionsunterrichts bieten sich insbesondere der lehrerangeleitete, schülerzentrierte Unterricht mit folgenden Organisationsformen an: Projektunterricht, Lernwerkstatt, Wochenplan, Freiarbeit (vgl. u.a. Claussen 1995; Jürgens 2003, 2004; Wallrabenstein 2001). Der Besuch außerschulischer Lernorte ermöglicht häufig eine intensivere Begegnung und stärkere gefühlsmäßige Involviertheit bei der weiteren Themenbearbeitung.

- *Arbeitsformen*
  - Recherche: Bibliothek, Tageszeitung, Internet
  - Pro- und Contra-Diskussionen
  - Streitgespräch
  - Dilemma-Situation
  - Perspektivenwechsel
  - Schreibgespräch
  - Rollenspiel
  - ...

  Methoden der Selbsterforschung

  Besonders geeignet für die »Selbsterforschung« (Wie würde ich mich fühlen? Wie würde ich reagieren?) erweisen sich folgende Methoden:
  - den Gedankenstrom fließen lassen: Gedanken und Vorstellungen werden so notiert, wie sie in den Sinn kommen. Rechtschreibung, Grammatik oder Zeichensetzung spielen keine Rolle. Wichtig ist, dass der Schreiber seinen inneren Gedanken zuhört und diese unzensiert zu Papier bringt.
  - die Selbstbeobachtung: der Betroffene begibt sich in eine bestimmte Situation oder führt eine bestimmte Handlung aus und versucht, sich dabei gleichzeitig aus einer distanzierten Position in seinem Handeln und Empfinden zu beobachten.
  - das Gedankenexperiment: Ausgehend von einer Annahme/These stellt sich die Schülerin/der Schüler die Frage, wie sie/er in der betreffenden Situation reagiert hätte. Wesentlich sind die Überlegungen und Argumente, die zur Beantwortung der Frage führen. Darüber hinaus sind für den Unterricht die Erkenntnisse aus diesem Gedankenexperiment von großer Bedeutung.
    Für diese Arbeitsform eignen sich sowohl Dilemma-Situationen (vgl. die Beispiele in Kapitel 2.2.2) als auch Gegebenheiten, die die Schülerinnen und Schüler zu einer eigenen Meinungsäußerung bzw. Werthaltung herausfordern sollen.
- *Medien für die Ergebnisdarstellung*
  - Collage/Plakat
  - Wandzeitung
  - Klassen-, Schulzeitung
  - Darstellung unter der Homepage der Schule im Internet
  - Theaterstück
  - Ausstellung
  - ...

4.8.2 Wertorientierter Unterricht, geplant in Anlehnung an die kritisch-konstruktive Didaktik

Abschließend soll beispielhaft die Unterrichtsplanung zu einem der genannten Themen skizziert werden. Als Grundlage dient das Modell der kritisch-konstruktiven Didaktik nach Klafki (1991), das nach unserer Überzeugung gegenwärtig am umfassendsten den vielfältigen erzieherischen und unterrichtlichen Aufgaben, die in der Planung von Unterricht berücksichtigt werden sollten, Rechnung trägt. Darüber hinaus werden durch das (vorläufige) Perspektivenschema die Werteerziehung betreffende Fragestellungen überhaupt erfasst. Angewendet wird das Perspektivenschema auf das Thema »Die CO_2-Problematik im Zusammenhang mit der Klimaveränderung«[1].

Klafkis Perspektivenschema und Werteerziehung

Demgemäß müssen sieben Problemfelder in einem Unterrichtsplanungskonzept enthalten sein. Dabei werden die Hauptperspektiven teilweise in Unterfragen aufgefächert.

Zum ersten Komplex zählen die Fragen nach der *Gegenwartsbedeutung*, der *Zukunftsbedeutung* sowie der *exemplarischen Bedeutung*. Diese dienen in erster Linie der Begründbarkeit einer ausgewählten Thematik, womit die Frage nach der didaktischen Legitimation eines Themas sowie die diese konstituierenden allgemeinen Ziele angesprochen werden.

Insbesondere der erste Komplex kann zur Klärung der Wertorientierung eines Unterrichts hilfreich sein. Wenden wir uns dem gewählten Thema »Die CO_2-Problematik im Zusammenhang mit der Klimaveränderung« zu, können die Fragen beispielsweise folgendermaßen beantwortet werden:

Gegenwartsbedeutung

1. *Gegenwartsbedeutung.* Heute wird allgemein anerkannt, dass der enorme CO_2-Ausstoß, insbesondere der Industrieländer, erheblichen Einfluss auf das Klima hat, und zwar einerseits durch seine Wirkung auf das Welt-Klima mit den entsprechenden Konsequenzen für die Wetterszenarien in den verschiedenen Regionen der Erde (zunehmende Niederschlagsmengen bzw. zunehmende Dürreperioden). Gleichzeitig belastet der »direkte« Kontakt mit dem erhöhten CO_2-Ausstoß in der nahen Umwelt unmittelbar die Gesundheit.

Zukunftsbedeutung

2. *Zukunftsbedeutung.* Zwar sind die konkreten Folgen der Klimaveränderung noch nicht mit absoluter Sicherheit ein- bzw. abschätzbar, alle bisher im Modell entwickelten Szenarien allerdings zeigen vielerlei schwerwiegende Eingriffe in das bisherige »globale Gleichgewicht«

1 Für eine Auseinandersetzung mit der theoretischen Herleitung der verschiedenen Aspekte des Perspektivenschemas siehe Klafkis »Neue Studien zur Bildungstheorie und Didaktik« (s.a. Literaturverzeichnis).

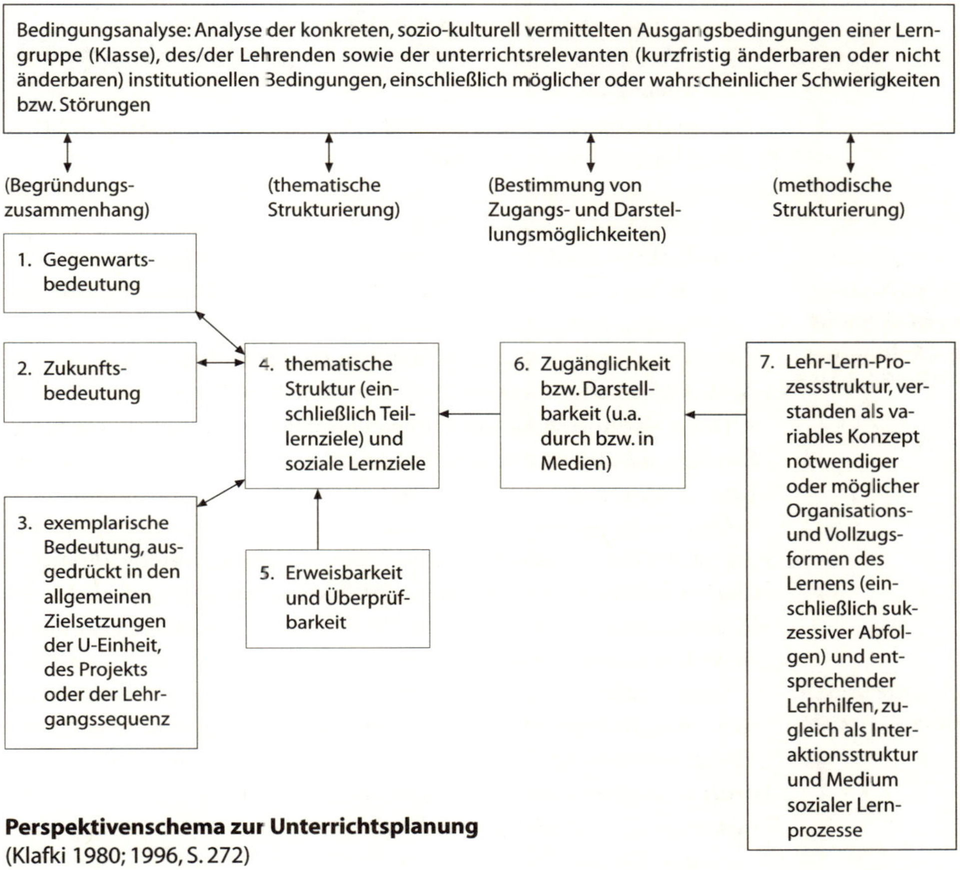

Perspektivenschema zur Unterrichtsplanung
(Klafki 1980; 1996, S. 272)

mit entsprechenden negativen Konsequenzen (z.B. der zunehmende Mangel an Wasser).

exemplarische Bedeutung

3. *Exemplarische Bedeutung.* Das gewählte Thema kann in verschiedener Hinsicht als exemplarisch angesehen werden, und zwar u.a. als Beispiel
   - für den enormen Einfluss chemischer Stoffe auf das Erdklima,
   - für die globalen Folgen, die menschliches Verhalten haben kann,
   - für die ungleiche Verteilung des Rohstoffverbrauchs zwischen den Ländern der Erde.

Unmittelbar lassen sich aus den drei Fragestellungen des ersten Komplexes beispielhafte Verbindungen zur Wertorientierung im Unterricht herleiten, die
- allgemein den Schutz der Umwelt/der Natur betreffen,
- die Verantwortung der reichen Industrienationen den Entwick-

lungsländern gegenüber ansprechen, die zwar nur einen Bruchteil des CO_2-Ausstoßes produzieren, aber nach einigen Modellrechnungen unter den Folgen des globalen Verbrauchs insbesondere zu leiden haben,
- das eigene Verhalten infrage stellen, also den eigenen Beitrag zum CO_2-Ausstoß beinhalten,
- …

exemplarische Bedeutung: »Selbstbestimmungs- und Solidaritätsfähikeit«

Von Klafki werden für die exemplarische Bedeutung zunächst die Erziehungsziele der »Selbstbestimmungs- und Solidaritätsfähigkeit« genannt. Sie stellen wesentliche Aspekte einer Werteerziehung dar. Diese beiden Ziele bleiben auf einer ersten Ebene noch recht allgemein, können jedoch nach Klafki zunehmend weiter konkretisiert werden durch Qualifikationen wie »Kommunikationsfähigkeit« oder die »Fähigkeit, einen eigenen Standpunkt zu vertreten« u.a.m. bis zu den Lernzielbestimmungen im Bereich einzelner Fächer bzw. fachübergreifender Bestimmungen. Es bestehen vielfache Anbindungen an wertorientierten Unterricht, z.B. wenn es darum geht, konkret den Freizeitwert »Auto fahren« (gemeint sind hierbei Fahrten, die der Freizeitgestaltung dienen) und den Wert des Waldes einander gegenüberzustellen – in ihrer Bedeutung für das einzelne Individuum oder die gesamte Gesellschaft.

Strukturierungen und Teillernziele

Im Rahmen des zweiten Komplexes sollen – vor dem Hintergrund der Begründungen des ersten – »notwendige oder mögliche *Strukturierungen und Teillernziele* (4. Frage) sowie Formen der *Erweisbarkeit* der im Lernprozess angeeigneten Erkenntnisse und/oder Fähigkeiten (5. Frage)« (a.a.O., S. 271) erarbeitet werden.

Die 4. Fragestellung wird von Klafki durch eine Reihe von Teilfragen konkretisiert, dabei können beispielsweise folgende Fragen insbesondere die Wertorientierung des Unterrichts klären:

- Unter welchen Perspektiven soll das Thema bearbeitet werden?
- Welche Momente konstituieren die Thematik, jeweils unter bestimmten Perspektiven?
- In welchem größeren Zusammenhang bzw. in welchen Zusammenhängen steht – je nach den gewählten Perspektiven – die Thematik?

Zugänglichkeit und Darstellbarkeit

Die 6. und 7. Frage des dritten Komplexes beziehen sich auf die »*Zugänglichkeit und Darstellbarkeit* des zielorientierten Themas« (a.a.O.) sowie auf die methodische Strukturierung eines sukzessiven Lehr-Lern-Prozesses und brauchen hier nicht weiter ausgeführt zu werden.

Literaturverzeichnis

Adam, G./Schweitzer, F. (Hrsg.) (1996): Ethisch erziehen in der Schule. Göttingen: Vandenhoeck & Ruprecht.

Adam, G./Schweitzer, F. (1996a): Ethische Erziehung als Aufgabe und Möglichkeit der Schule. In: Adam, G./Schweitzer, F. (Hrsg.): Ethisch erziehen in der Schule. Göttingen: Vandenhoeck & Ruprecht, S. 19–38.

Althoff, W. (1991): Entwicklung des moralischen Urteilens: Wertkonflikte in der Lebenswelt von Kindern und Jugendlichen. In: Wurst, F./Rothbucher, H./Donnenberg, R. (Hrsg.): Wofür lohnt es sich zu leben? Salzburg: Otto Müller Verlag, S. 140–144.

Apel, K.O. (1988): Diskurs und Verantwortung. Das Problem des Übergangs zur postkonventionellen Moral. Frankfurt a.M.: Suhrkamp.

Auerbach, J. (1985): Commentary: On Gilligan's »In a different voice«. Feminist Studies, 11. Jg., H. 1, S. 149–161.

Bandura, A. (Hrsg.) (1974): Psychological modeling: conflicting theorie. New York: Lieber-Atherton.

Battistich, V./Solomon, D./Kim, D./Watson, M./Schaps, E. (1995): Schools as communities, poverty levels of student populations, and students' attitudes, motives, and performance: A multilevel analysis. American Educational Research Journal, Vol. 32, S. 627–658.

Baumert, J./Fried, J./Joas, H./Mittelstraß, J./Singer, W. (2002): Manifest. In: Killius, N./Kluge, J./Reisch, L. (Hrsg.): Die Zukunft der Bildung. Frankfurt a.M.: Suhrkamp, S. 171–225.

Bayrisches Staatsministerium für Unterricht und Kultus (2004): Das Gymnasium in Bayern. (online) URL: http://www.isb.bayern.de/gym/lehrplaene/kapitel1.pdf [Stand 13.10.2004].

Blasi, A. (1983): Moral cognition and moral action: a theoretical perspective. Developmental Review, Vol. 3, S. 178–210.

Blasi, A. (1984): Moral identity; its role in moral functioning. In: Kurtines, W./Gewirtz, J. (Hrsg.): Morality, moral behavior and moral development. New York: Wiley, S. 128–139.

Claussen, C. (Hrsg.) (1995): Handbuch Freie Arbeit. Konzepte und Erfahrungen. Weinheim/Basel: Beltz.

Diekmann, M./Jürgens, E. (2003): Studienmaterial zur Veranstaltung »Schulprogramme im Zentrum der Schulentwicklung«. Universität Bielefeld, Fakultät für Pädagogik, AG 5.

Dikow, J. (1980): Grundwerte in der Schule. In: Pöggeler, F. (Hrsg.): Grundwerte in der Schule. Auf der Suche nach neuer Verbindlichkeit. Freiburg: Herder Verlag, S. 13–21.

Dobbelstein-Osthoff, P./Lind, G./Reinhard, S./Oser, F./Schirp, H. (1991): Demokratie und Erziehung in der Schule (DES). Förderung moralischer Urteilsfähigkeit. Bericht des Landesinstituts für Schule und Weiterbildung. Soest.

Edelstein, W./Oser, F./Schuster, P. (Hrsg.) (2001): Moralische Erziehung in der Schule. Weinheim/Basel: Beltz.

Eikenbusch, G. (1998): Praxishandbuch Schulentwicklung. Berlin: Cornelsen Scriptor.
Fees, K. (2000): Werte und Bildung. Opladen: Leske & Budrich.
Feil, H.-D. (1974): Erziehungswissenschaft zwischen Empirie und Normativität. Stuttgart: Kohlhammer (Urban Taschenbücher 862: Reihe 80).
Fend, H. (1998): Qualität im Bildungswesen. Schulforschung zu Systembedingungen, Schulprofilen und Lehrerleistung. Weinheim/München: Juventa Verlag.
Fleischer-Bickmann, W./Maritzen, N. (1998): Das Schulprogramm im Schulalltag. Sieben Praxistips als Wegweiser. Pädagogik, 50. Jg., H. 2, S. 9–14.
Gilligan, C. (1983): Verantwortung für die anderen und für sich selbst – das moralische Bewusstsein von Frauen. In: Schreiner, G. (Hrsg.): Moralische Erziehung und Entwicklung. Braunschweig: Agentur Pedersen, S. 133–174.
Gilligan, C. (⁵1991): Die andere Stimme. Lebenskonflikte und Moral der Frau. München: Piper.
Glöckel, H. (2004): Pädagogik des Zutrauens. Ein Arbeitsbericht. Pädagogische Rundschau, 58. Jg., H. 4, S. 467–476.
Guardini, R. (⁴1955): Welt und Person. Versuche zur christlichen Lehre vom Menschen. Würzburg: Werkbund-Verlag.
Habermas, J. (1991): Erläuterungen zur Diskursethik. Frankfurt a.M.: Suhrkamp.
Habermas, J./Luhmann, N. (1971): Theorie der Gesellschaft oder Sozialtechnologie – Was leistet die Systemforschung? Frankfurt a.M.: Suhrkamp.
Haug, F. (1985a): Gilligan, Carol: Die andere Stimme. Das Argument, 27. Jg., H. 149, S. 113–144.
Haug, F. (1985b): Carol Gilligan: Die andere Stimme. Zeitschrift für Pädagogik, 31. Jg., H. 2, S. 294–298.
von Hentig, H. (1973): Schule als Erfahrungsraum? Eine Übung im Konkretisieren einer pädagogischen Idee. Stuttgart: Klett.
von Hentig, H. (1999): Ach, die Werte! Über eine Erziehung für das 21. Jahrhundert. Weinheim/Basel: Beltz.
Henz, H. (³1971): Lehrbuch der systematischen Pädagogik. Freiburg: Herder.
Henz, H. (1980): Wertorientierung in der Erziehung. In: Pöggeler, F. (Hrsg.): Grundwerte in der Schule. Auf der Suche nach neuer Verbindlichkeit. Freiburg: Herder, S. 104–132.
Hermann, T. (1982): Wertorientierung und Wertwandel. Eine konzeptuelle Analyse aus dem Blickwinkel der Psychologie. In: Stachowiak, H./Hermann, T./Stapf, K. (Hrsg.): Bedürfnisse, Werte und Normen im Wandel. Band II: Methoden und Analysen. München: Fink, S. 29–71.
Herzig, B. (1998): Förderung ethischer Urteils- und Orientierungsfähigkeit: Grundlagen und schulische Anwendungen. Münster: Waxmann.
Herzog, W. (1991): Das moralische Subjekt. Pädagogische Intuition und psychologische Theorie. Bern: Huber.
Heyting, F./Tenorth, H.-E. (1994): Pädagogik und Pluralismus. In: Heyting, F./Tenorth, H.-E. (Hrsg.): Pädagogik und Pluralismus. Deutsche und niederländische Erfahrungen im Umgang mit Pluralität in Erziehung und Erziehungswissenschaft. Weinheim/Basel: Beltz, S. 23–50.
Hillmann, K.-H. (1986): Wertwandel: zur Frage soziokultureller Voraussetzungen alternativer Lebensformen. Darmstadt: Wissenschaftliche Buchgesellschaft.
Hondrich, K.O. (1979): Bedürfnisse, Werte und soziale Steuerung. In: Klages, H./Kmieciak, P. (Hrsg.): Wertwandel und gesellschaftlicher Wandel. Frankfurt a.M.: Campus, S. 59–91.

Holzkamp, K. (1995): Lernen. Subjektwissenschaftliche Grundlegung. Frankfurt a.M. *u.a.*: Campus.

Inglehart, R. (1998): Modernisierung und Postmodernisierung: kultureller, wirtschaftlicher und politischer Wandel in 43 Gesellschaften. Frankfurt a.M.: Campus.

Ipfling, H.-J. (1978): Die Schule als Erziehungsstätte. In: Schmaderer, F.O. (Hrsg.): Werterziehung. München: Ehrenwirth Verlag, S. 31–39.

Joas, H. (1997): Die Entstehung der Werte. Frankfurt a.M.: Suhrkamp.

Jones, V.F./Jones, L.S. (2000): Comprehensive Classroom Management. Boston et al.: Allyn and Bacon.

Jürgens, E. (2003): Schüleraktive Unterrichtsformen. Modelle und Praxisbeispiele für erfolgreiches Lehren und Lernen. Schulmanagement Handbuch 108. München: Oldenbourg Schulbuchverlag.

Jürgens, E. (^{6}2004): Die »neue« Reformpädagogik und die Bewegung offener Unterricht. Theorie, Praxis und Forschungslage. Sankt Augustin: Academia Verlag.

Jürgens, E./Standop, J. (2004): Psychosoziale Kompetenz aus der Perspektive der Schulentwicklungsforschung. In: Gebauer, K./Hüther, G. (Hrsg.): Kinder brauchen Vertrauen. Düsseldorf und Zürich: Patmos Verlag, S. 171–192.

Kant, I. (1977): Werkausgabe. Hrsg. von Weischedel, W., Bd. I–XII. Frankfurt a.M.: Suhrkamp.

Klafki, W. (^{2}1991): Neue Studien zur Bildungstheorie und Didaktik. Weinheim/Basel: Beltz.

Klages, H. (1988): Wertedynamik. Über die Wandelbarkeit des Selbstverständlichen. Zürich: Edition Interforum.

Kohlberg, L. (1974): Zur kognitiven Entwicklung des Kindes. Frankfurt a.M.: Suhrkamp.

Kohlberg, L. (1987): Moralische Entwicklung und demokratische Erziehung. In: Lind, G./Raschert, J. (Hrsg.): Moralische Urteilsfähigkeit. Eine Auseinandersetzung mit Lawrence Kohlberg. Weinheim/Basel: Beltz, S. 25–43.

Kohlberg, L. (2001): Moralstufen und Moralerwerb. Der kognitiv-entwicklungstheoretische Ansatz (1976). In: Edelstein, W./Oser, F./Schuster, P. (Hrsg.): Moralische Erziehung in der Schule. Weinheim/Basel: Beltz, S. 35–61.

Kohlberg, L./Candee, D. (1984): The relationship of moral judgment to moral action. In: Kohlberg, L.: Essays in moral development. Vol. II. The psychology of moral development. San Francisco: Harper & Row, S. 498–581.

Kohlberg, L./Turiel, E. (1978): Moralische Entwicklung und Moralerziehung. In: Portele, G. (Hrsg.): Sozialisation und Moral: neuere Ansätze zur moralischen Entwicklung und Erziehung. Weinheim/Basel: Beltz.

Kohlberg, L./Wasserman, E./Richardson, N. (1978): Die gerechte Schul-Kooperative. Ihre Theorie und das Experiment der Cambridge Cluster School. In: Portele, G. (Hrsg.): Sozialisation und Moral: neuere Ansätze zur moralischen Entwicklung und Erziehung. Weinheim/Basel: Beltz.

Landesinstitut für Schule und Weiterbildung (LfS Soest) (2002): Schulprogrammarbeit auf dem Prüfstand. Ergebnisse der Evaluation. Bönen: Kettler.

Lind, G. (1993): Moral und Bildung. Zur Kritik von Kohlbergs Theorie der moralisch-kognitiven Entwicklung. Heidelberg: Asanger Verlag.

Lind, G. (2003): Moral ist lehrbar. Theorie und Praxis der moralischen und demokratischen Bildung. München: Oldenbourg bsv.

Lind, G. (^{2}2000): Ist Moral lehrbar? Ergebnisse der modernen moralpsychologischen Forschung. Berlin: Logos.

Lind, G. & Althoff, W. (1992): Does the Just Community experience make a difference? Measuring and evaluating the effect of the DES project. Moral Education Forum, 17. Jg., H. 2, S. 19–28.

Lotmar, P./Tondeur, E. (1993): Führen in sozialen Organisationen. Bern: Haupt.

Lucke, D. (2000): Wirklichkeitskonstruktion als Ware: »Der Wertewandel« in der westlichen Welt. Internationale Politik und Gesellschaft, H. 4, S. 389–398.

Nails, D. (1983): Social-scientific sexism: Gilligan's mismeasurement of man. Social Research, 50. Jg., H. 3, S. 643–664.

Niedersächsisches Kultusministerium (2004): Die Arbeit in der Realschule. (online) URL: http://cdl.niedersachsen.de/blob/images/C2998983_L20.pdf [Stand 20.09.2004].

Niedersächsisches Kultusministerium (2004a): Niedersächsisches Schulgesetz. (online) URL: http://www.schure.de/nschg/nschg/nschg.htm [Stand 13.10.2004].

Nunner-Winkler, G. (1991): Gibt es eine weibliche Moral? In: Nunner-Winkler, G. (Hrsg.): Weibliche Moral. Frankfurt a.M.: Campus, S. 147–149.

Oerter, R. ([14]1974): Moderne Entwicklungspsychologie. Donauwörth: Auer.

Oerter, R./Montada, L. (Hrsg.) ([3]1995): Entwicklungspsychologie. Weinheim: Psychologie Verlags Union.

Oldemeyer, E. (1979): Zum Problem der Umwertung von Werten. In: Klages, H./Kmieciak, P. (Hrsg.): Wertwandel und gesellschaftlicher Wandel. Frankfurt a.M.: Campus, S. 11–65.

Oser, F. (2001): Acht Strategien der Wert- und Moralerziehung. In: Edelstein, W./Oser, F./Schuster, P. (Hrsg.): Moralische Erziehung in der Schule. Weinheim/Basel: Beltz, S. 63–89.

Oser, F./Althoff, W. ([4]2001): Moralische Selbstbestimmung. Stuttgart: Klett Verlag.

Oser, F./Althoff, W. (2001a): Die Gerechte Schulgemeinschaft: Lernen durch Gestaltung des Schullebens. In: Edelstein, W./Oser, F./Schuster, P. (Hrsg.): Moralische Erziehung in der Schule. Weinheim/Basel: Beltz, S. 233–268.

Patry, J.L. (1997): Eine Person – mehrere Werte: Überlegungen zum intrapersonalen Wertepluralismus. Pädagogische Rundschau 1997, 51. Jg., H. 1, S. 63–81.

Piaget, J. (1986): Das moralische Urteil beim Kinde. München: dtv.

Philipp, E./Rolff, H.G. (1998): Schulprogramme und Leitbilder entwickeln. Ein Arbeitsbuch. Weinheim/Basel: Beltz.

Preuss-Lausitz, U. (1994): Werte, Ethik und Religion in der pluralistischen Schule. Die Deutsche Schule, S. 86. Jg., H. 4, S. 457–468.

Raths, L.E./Harmin, M./Simon, S.B. (1976): Werte und Ziele. Methoden zur Sinnfindung im Unterricht. München: Pfeiffer.

Rawls, J. (1979): Eine Ethik der Gerechtigkeit. Frankfurt a.M.: Suhrkamp.

Reinhardt, S. (1999): Werte-Bildung und politische Bildung. Opladen: Leske & Budrich.

Ressel, H. (1995): Die Macht der Gewohnheit – Von der heilsamen Kraft unserer täglichen Rituale. Zürich: Kreuz Verlag.

Reuben, S.C. (1998): Charakterstarke Kinder kommen weiter. Welche Werte unsere Kinder brauchen. Freiburg: Herder.

Rolff, H.G./Buhren, C.G./Lindau-Bank, D./Müller, S. (1998): Manual Schulentwicklung. Handlungskonzept zur pädagogischen Schulentwicklungsberatung (SchuB). Weinheim/Basel: Beltz.

Rudolph, W. (1959): Die amerikanische »Cultural Anthropology« und das Wertproblem. Berlin: Duncker & Humblot.

Rutter, M./Maughan, B./Mortimer, P./Ouston, J. (1980): Fünfzehntausend Stunden. Schulen und ihre Wirkung auf die Kinder. Weinheim/Basel: Beltz.

Schäfers, B. (1992): Die Grundlagen des Handelns: Sinn, Normen, Werte. In: Korte, H./Schäfers, B. (Hrsg.): Einführung in die Hauptbegriffe der Soziologie. Opladen: Leske & Budrich, S. 18–21.

Scheidt, F. (1978): Die Rolle des Arguments in der wertvermittelnden Erziehung. In: Schmaderer, F.O. (Hrsg.): Werterziehung: Der Erziehungsauftrag der Schule unter dem Aspekt der Wertorientierung, Wertvermittlung und Wertverwirklichung. München: Ehrenwirth Verlag, S. 48–58.

Schlöder, B. (1993): Soziale Werte und Werthaltungen. Eine sozialpsychologische Untersuchung des Konzepts sozialer Werte und des Wertwandels. Opladen: Leske & Budrich.

Schmitz, B. (2000): Werte und Emotionen. In: Otto, J.H./Euler, H.A./Mandl, H. (Hrsg.): Emotionspsychologie. Ein Handbuch. Weinheim: Beltz Psychologie Verlags Union, S. 349–359.

Schorpp, M. (2003): Durch Moralerziehung zur Demokratie. uni'kon (Zeitung der Universität Konstanz), 09.03.2003.

Schröder, H. (1978): Wertorientierter Unterricht. Pädagogische und didaktische Grundlagen eines erziehenden Unterrichts. München: Ehrenwirth.

Speck, O. (1996): Erziehung und Achtung vor dem Anderen: Zur Moralischen Dimension der Erziehung. München *u.a.*: Reinhardt.

Solomon, D./Watson, M./Battistich, V./Solomon, J. (1989): Cooperative Learning as a part of a comprehensive classroom program designed to promote prosocial development. In: Sharan, S. (Hrsg.): Cooperative Learning: Theory and Research. New York: Praeger, S. 231–266.

Solomon, D./Watson, M./Battistich, V./Schaps, E./Delucchi, K. (1996): Creating Classrooms that Students Experience as Communities. American Journal of Community Psychology, Vol. 24, No. 6, S. 719–748.

Standop, J. (2002): Emotionen und kognitives schulisches Lernen aus interdisziplinärer Perspektive. Frankfurt a.M.: Peter Lang.

Stiksrud, A. (1976): Diagnose und Bedeutung individueller Werthierarchien. Frankfurt a.M.: Peter Lang.

Strittmatter, A. (1997): An gemeinsamen Leitideen arbeiten. Erfahrungen aus der Schulprogramm-Küche. Journal für Schulentwicklung, H. 2, S. 90–103.

Taylor, C. (1989): Quellen des Selbst. Die Entstehung der neuzeitlichen Identität. Frankfurt a.M.: Suhrkamp.

Tröger, W. (1978): Werte und Normen in der Erziehungswissenschaft und in der pädagogischen Praxis. In: Schmaderer, F.O. (Hrsg.): Werteerziehung: Der Erziehungsauftrag der Schule unter dem Aspekt der Wertorientierung, Wertvermittlung und Wertverwirklichung. München: Ehrenwirth, S. 24–30.

Walker, L.J. (1986): Cognitive processes in moral development. In: Sapp, G.L. (Hrsg.): Handbook of moral development. Birmingham, AL: Religious Education Press, S. 109–145.

Wallrabenstein, W. (^{9}2001): Offene Schule – Offener Unterricht. Ratgeber für Eltern und Lehrer. Reinbek: Rowohlt Verlag.

Wang, M.C./Haertel, G.D./Walberg, H.J. (1993): Toward a knowledge base for school learning. Review of Educational Research, Vol. 63, S. 249–294.

Weinreich-Haste, H. (1986): Moralisches Engagement. Die Funktion der Gefühle im Urteilen und Handeln. In: Edelstein, W./Nunner-Winkler, G. (Hrsg.): Zur Bestimmung der Moral: philosophische und sozialwissenschaftliche Beiträge zur Moralforschung. Frankfurt a.M.: Suhrkamp, S. 377–406.

Sachregister